Lean Management für Einsteiger

Grundlagen des Lean Managements für kleine und mittelständische Unternehmen

– mit vielen Praxisbeispielen

Maximilian Tündermann

Inhaltsverzeichnis

1. Einführung

Als der Gründer einer indischen Bank sich wunderte, warum immer weniger Kunden Kreditanträge stellten, untersuchte er den Prozess, der den Hypothekenkreditantrag regelt. Präsident Jairam Sridharan fand heraus, dass solch ein Antrag insgesamt durch 30 Hände ging. Kein Wunder, dass niemand so lange warten wollte. Die Axis Bank suchte nach Lösungsansätze und fand sie letztlich nicht in der Technologie, sondern in der Philosophie: dem Lean Management. Diese japanische Produktionsmethode hat es mittlerweile auch ins Management und in die Serviceindustrie geschafft. Kern ist, dass nichts verschwendet werden soll. Das Wort Lean bedeutet schlank, und in den meisten Fällen werden in der Tat Firmen und Unternehmen verschlankt.

Dabei spielt die Größe keine Rolle, für kleine und mittlere Unternehmen ist es unter Umständen sogar einfacher, sich zu verschlanken, weil man eben nicht so groß ist. Verschlankung heißt aber nicht zwangsläufig Kosten sparen, Personal entlassen oder outsourcen, oder Geschäftsbereiche schließen. Der Unterschied zwischen der Verschlankung nach klassischem Vorbild und dem Lean-Ansatz ist, dass es prozessorientiert ist. Verschlankt wird nur, wo es notwendig ist, um den Prozess zu verbessern. Eventuell werden auch nur die Prozesse selbst verändert, ohne dass damit wirklich Kosten verbunden sind.

Wenn Du heute eine Firma führst, wirst Du schnell feststellen, dass sich zwei oder drei Jahre nach der Gründung so etwas wie Routine einsetzt. Das Geschäft läuft – hoffentlich gut – die Kunden sind zufrieden, die Umsätze wachsen, der Profit auch. Genau in dieser Phase fangen viele Firmen an, die Organisation zu vergrößern, bürokratische Hürden aufzubauen und durch den Erfolg verwöhnt sich selbst nicht mehr zu reflektieren. Mit einem Lean Management hingegen wird diese Gefahr minimiert, weil es eine ständige Verbesserung mit sich bringt, bei der es kein Zurücklehnen gibt.

Dieses Buch soll Dir Einblicke ins Lean Management geben und Dir helfen, es zu verstehen. Beispiele von anderen Unternehmen können Dich dabei unterstützen, auch selbst über die Einführung von Lean Management nachzudenken oder zuerst einmal zu analysieren, wie und wo es in Deinem Unternehmen eingesetzt werden kann.

2. Geschichte des Lean Manufacturing

Das Lean Management kannst Du eigentlich nur verstehen, wenn Du weißt, woher es kommt. Die Ursprünge liegen im Lean Manufacturing, das vor allem bei den japanischen Autoherstellern entwickelt wurde. Die Grundlage bildete dabei die Art und Weise, wie der Autokonzern Toyota arbeitete: Das Toyota Produktionssystem, bei dem es vor allem darum geht, Verschwendung zu vermeiden und zu minimieren, ist heute noch weltweit beachtet und von vielen Mitbewerbern kopiert worden. Toyoda Sackichi entwickelte das System bereits 1902, es wurde aber ständig verbessert. Sein Sohn Kiichiro formte dann den Just-in-Time-Gedanken, bei dem nur der Nachfrage entsprechend produziert wurde. Das war auch deshalb notwendig, weil es damals kaum Rohstoffe gab und einige Märkte wegen des Krieges den Japanern nicht zugänglich waren. Es blieb den Automobilbauern gar nichts anderes übrig, als Ressourcen-sparend zu arbeiten, wenn man die Wirtschaft wieder ankurbeln wollte. Der Ingenieur Taiichi Ohno war es, der aus den Überlegungen eine Produktionsmethode formte, deren Hauptmotto eben war, Verschwendung zu vermeiden: "The starting concept of the Toyota production system was, as I have emphasized several times, a thorough elimination of waste".[1]

---

[1] Ohno, T. (1988): Toyota Production System – Beyond Large-Scale Production, Productivity Press, Cambridge/Massachusetts

Das höchste Ziel dabei ist, Produktivität zu erhöhen, ohne Abstriche bei der Qualität und den Lieferzeiten zu machen. Das **Jidoka**-Prinzip ist die eine Säule und sichert Qualität durch einen Prozess, bei dem Fehler früh erkannt und ebenso früh auch beseitigt werden, und zwar grundlegend. Dazu gehören:

- Produktion anhalten
- Handbücher erstellen
- Fehlermeldung

Die zweite Säule ist die **Just-in-Time-Produktion**: Es wird nur das gemacht, wenn es gebraucht wird, in der Menge, in der es gebraucht wird und wie es vom Kunden verlangt wird. Damit wird zum einen das Prinzip der Kundenorientierung festgeschrieben, zum anderen aber auch die Verschwendung vermieden. Bestandteile dieser Säule sind:

- Nur für Kunden produzieren, nicht fürs Lager (Build-to Order)
- Pull statt Push
- Ständiger Fluss von Materialien und Ressourcen
- Geeignete und flexibel einsetzbare Mitarbeiter

Die Vermeidung von Verschwendung war den Autobauern das größte Anliegen, auch weil es direkt die Wertschöpfung betraf. Sie formulierten deshalb die wichtigsten Verschwendungsarten:

- Überproduktion

- Materialbestände

- Transporte und Laufwege

- umständliche Bearbeitung

- umständliche Bewegungen

- Wartezeiten

- Nacharbeiten

Lean Manufacturing bedeutet am Ende nichts anderes, als die Verschwendung zu vermeiden und dem Kunden die Produkte zu liefern, die er möchte. Dazu gibt es verschiedene Techniken, die wir später kurz erläutern, weil sie auch im Management eingesetzt werden können.

3. Lean Philosophie

Durch den Erfolg des Lean Manufacturing wurde das Prinzip auch auf verschiedene andere Bereiche ausgeweitet, so zum Beispiel auf die Unternehmensführung, aber auch auf die Buchhaltung, die Instandhaltung oder allgemein die Geschäftsprozesse. Bei der Unternehmensführung geht es vor allem darum, dass Du lernst, Deine Firma aus zwei Perspektiven zu betrachten:

- Die Sicht des Kunden und dessen Wünsche

- Die Sicht des Unternehmens und sein Bestreben, profitabel zu sein

Beide Perspektiven sind dabei gleichberechtigt und können nur gemeinsam zum Erfolg führen. Die strikte Kundenorientierung ist für viele Manager die schwierigste Aufgabe: Du wirst hier lernen müssen, die Produkte auf die Bedürfnisse des Kunden abstimmen zu müssen, und zwar nicht nur was die Qualität angeht, sondern auch den Preis und die Verfügbarkeit betreffend. Das ist weniger eine Aufgabe der Produktionsprozesse, sondern der Art und Weise wie ein Unternehmen aufgestellt ist. Zu oft sind Firmen von ihren Produkten so überzeugt, dass sie vergessen, welche Wünsche der Kunde überhaupt hat. Das widerspricht übrigens nicht Ansätzen von Apple oder manchen Start-ups, die Produkte und Dienstleistungen geschaffen haben, für die es bislang keine Nachfrage gab, weil sie nicht existierten. Nachfrage ist nicht gleich Bedürfnis, vielmehr schaffen erst die Bedürfnisse die Nachfrage. Wer also Produkte und Dienstleistungen schafft, die eine Nachfrage befriedigen, wird auch einen Markt finden und somit auch Profite machen.

Dominique Keith von Dr. Kraus & Partner hat in einem Fachartikel für business-wissen.de recht gut beschrieben, wie wichtig die Philosophie und ihre Akzeptanz im Management ist:

"Der US-Amerikaner Mike Rother, ein Guru der Lean-Szene und Autor des Buchs »Die Kata des Weltmarktführers: Toyotas Erfolgsmethoden«, beschreibt den Zusammenhang zwischen Lean-Tools beziehungsweise -Methoden und Lean Management gerne mit der Eisberg-Analogie. Dabei stellen die Lean-Tools und -Methoden den sichtbaren Teil des Eisbergs dar und das Lean Management dessen größeren, unsichtbaren Teil, der sich unter der Wasseroberfläche befindet. Viele Unternehmen lassen beim Einführen eines Lean-Programms den unsichtbaren Teil des Eisbergs entweder völlig außer Acht oder sie verschieben seine Bearbeitung.

Dabei vergessen sie, dass es bei der Lean-Philosophie vor allem um die Bereitschaft geht, Verhaltensweisen grundlegend zu überdenken, gegebenenfalls zu ändern und damit einen grundlegenden Kulturwandel im Unternehmen herbeizuführen. Das oft im Zusammenhang mit „Lean" zitierte „weniger ist mehr" kann man auch so interpretieren, dass es weniger um die Tools als um die richtige Einstellung geht, um Lean Management und Lean-Produktion dauerhaft und mit Erfolg in Unternehmen einzusetzen."[2]

Wenn sich Unternehmen umstrukturieren dann wird gerne auf die Werkzeuge geschaut, eine neue Software, eine neue Anordnung der Schreibtische, aber weniger auf die Kultur und den Geist, der dahintersteckt. Du wirst aber sehr schnell feststellen, dass es ohne einen Wandel in den Köpfen nicht funktionieren kann. Für viele Manager ist das die größte Herausforderung bei Lean, denn auch sie müssen sich, ihre Denkweise und zu einem großen Teil auch ihre Arbeitsweise verändern. Hinzu kommt, dass Lean viel Selbstreflektion braucht und Du auch zugeben musst, dass es Fehler gibt und Raum für Verbesserungen.

3.1 Grundlagen des Lean Managements

Wenn früher ein Unternehmen Probleme bekam, dann suchte man meistens die Schuld beim CEO und ersetzte ihn – ohne genau zu wissen, welche Rolle sie oder er dabei spielte. Heute ist man in den meisten Fällen einen Schritt weiter und hat erkannt, dass Probleme in der Natur eines

---

[2] Keith, D.: Schlanke Unternehmen – Was Lean Management für die Mitarbeiter bedeutet. URL: https://www.business-wissen.de/artikel/schlanke-unternehmen-was-lean-management-fuer-die-mitarbeiter-bedeutet/ [Stand: 10-12-2018]

Unternehmens liegen und die Herausforderung darin besteht, sie früh genug zu erkennen und geeigneten Methoden zur Verfügung zu haben, um sie beheben zu können. Dinge wie das innerbetriebliche Vorschlagswesen gab es in Deutschland schon vor 30 Jahren, aber zu oft war das eher für einen Fototermin der Mitarbeiterzeitung und der Mitarbeitermotivation gedacht, als dadurch Prozesse nachhaltig zu verändern. Lange Zeit scheuten CEOs, vor allem wenn die Geschäfte gut liefen, Veränderung wie der Teufel das Weihwasser. Heute ist unbestritten, dass nur solche Unternehmen Bestand haben können, die in der Lage sind, sich schnell allen Veränderungen anzupassen und sich dabei auch selbst zu verändern.

> Ein **Beispiel** ist die **Rügenwalder Teewurst**, eine der bekanntesten Würste Deutschlands. Die Firma dahinter hat frühzeitig erkannt, dass Verbraucher zunehmend auch vegane Produkte wollen – nicht immer, nicht alle, aber immer mehr. Also beschloss der Inhaber Christian Rauffus etwas bisher nicht Dagewesenes: Er begann neben seinen fleischhaltigen auch vegane Würste zu produzieren und eine gigantische Werbekampagne zu starten. Der Erfolg gab ihm Recht: die Rügenwalder Mühle ist heute einer der größten Produzent von veganer Wurst in Deutschland.[3]

[3] Kolf, F. (2016): Rügenwalder Mühler, Meica, Herta – Es geht um die fleischlose Wurst. URL:
https://www.handelsblatt.com/unternehmen/handel-konsumgueter/ruegenwalder-muehle-meica-herta-es-geht-um-die-fleischlose-wurst/14448496.html [Stand: 07-12-2018]

Beim Lean Management wirst Du immer auf drei Grundpfeiler stoßen, die das Skelett bilden: Die **vier Prinzipien**, die ein Unternehmen verinnerlichen muss, ein **gutes Team im Management**, das bereit ist, Veränderungen anzunehmen und umzusetzen, und **eine Kultur,** in der Fehler erkannt und behoben werden.

3.2 Die Vier Prinzipien

In der Literatur wird meistens von den vier Grundprinzipien im Lean Management gesprochen, auch wenn einige sogar noch ein fünftes hinzuzählen, und selbst über die vier Prinzipien sind sich nicht alle Experten einig. Dennoch haben sich die folgenden als besonders erfolgreich herausgestellt und werden dementsprechend in den meisten Projekten und Firmen eingesetzt, die Lean Management eingeführt haben. In einer viel beachteten Studie von McKinsey[4] sind unter anderem diese vier Prinzipien als wesentlicher Grund gesehen worden, warum Unternehmen mit Lean Management erfolgreich sind.

---

[4] Mc Kinsey (2014): The Lean Management Enterprise – A system for daily progress, meaningful purpose, and lasting value

1. Dem Kunden einen echten Nutzen effizient liefern

Unternehmen müssen besser als zuvor verstehen, was der Kunde will, wann und wo er es will, wie er es will und warum er es will. Zu lange ruhte man sich auf den Verkaufserfolgen aus und vergaß, die Kunden zu fragen und vor allem auch zu verstehen. Werden diese Fragen beantwortet, wird eine Firma vor der Aufgabe stehen herauszufinden, wie sie genau diesen Nutzen liefern kann, nicht mehr und nicht weniger. Du wirst hier die größten Widerstände finden, wenn Du Lean einführen willst, denn es bedeutet in vielen Fällen, dass man selbstkritisch sein muss. Es geht nicht darum, wie viele Bewertungen Du, Dein Produkt oder Deine Dienstleistung hat, sondern darum, ob Du *wirklich* verstehst, was Deine Kunden wollen. Es gibt auch nicht den Punkt, ab dem Du alles verstanden hast und weitermachen kannst wie bisher. Es ist ein andauernder, niemals endender Prozess, denn auch die Wünsche und Bedürfnisse der Kunden verändern sich.

Die Kundenorientierung ist nicht nur eine Aufgabe des Marketings oder der Produktentwicklung, sondern ist das Herz, mit dem Lean schlägt. Wie sich diese Kundenorientierung auch in kleinen Organisationen wie Arztpraxen niederschlagen kann und wie damit Prozesse optimiert werden, zeigt ein **Beispiel** aus der Schweiz, und zwar die **Arztpraxis Glattpark**:

"Im Lean-Management-geführten Betrieb ist nicht nur das Praxispersonal «Kunden»-orientiert, sondern vor allem die Prozesse. Die Prozesse stellen den Patienten ins Zentrum und nicht die Ressourcenverfügbarkeit. Herkömmliche Arztpraxen haben fixe Raumzuteilungen (Wartezimmer, Sprechzimmer, EKG-, Blutentnahme-Raum etc.). Diese Zuteilung führt zu Engpässen, wenn der entsprechende Raum belegt ist, und bedeutet für den Patienten unnötige Wege und Zimmerwechsel. Besonders für geh- oder sehbehinderte Patienten ist dies eine Erschwernis. Bei uns werden die medizinischen Maßnahmen konsequent im Behandlungszimmer durchgeführt, welches der Patient direkt nach Eintreffen in der Praxis betritt und mit den notwendigen Informationen (inkl. Nachkontroll-Termin etc.) wieder verlässt. Sämtliche Handlungen am Patienten werden in diesem Zimmer ausgeübt (Dienstleistung kommt zum Patienten). Dieser Komfort wird von den Patienten sehr geschätzt."[5]

---

[5] Bagattini, M. F. (2017): Lean Management – auch in der Arztpraxis von Vorteil! URL:
https://saez.ch/de/article/doi/saez.2017.05199 [Stand: 16-12-2018]

2. Mitarbeiter fördern

Arbeit wird heute anders definiert als noch vor 20 Jahren. Sie wird nicht zugeordnet, sondern Mitarbeiter sind qualifiziert genug zu wissen, was gemacht werden muss. Nur in einem Umfeld, in dem Mitarbeiter sich entwickeln können, in dem sie entsprechend ihrer Qualifikationen und Kenntnis arbeiten können, werden sie auch effizient und profitabel sein. Die Aufgabe des Unternehmens ist nicht mehr den Angestellten zu sagen, was sie machen sollen, sondern sie bei ihrer Arbeit zu unterstützen und zu fördern und ihnen die besten Arbeitsbedingungen und ein entsprechendes Umfeld zu bieten.

Das betrifft alle Aspekte eines Unternehmens, vom Pförtner bis zum CEO. Weiterbildungsmaßnahmen allein reichen da nicht, vielmehr gilt es die Bedürfnisse der Mitarbeiter so ernst zu nehmen wie die der Kunden, und sich darauf einzustellen. Im Ergebnis können das zum Beispiel ein neues Design des Büros, Home Office Angebote oder neue Software sein, die von den Mitarbeitern gewünscht wurde.

3. Neue Wege der Verbesserung entdecken

"Es läuft gut" ist ein oft gehörter Satz in Unternehmen, und so erfreulich wie das ist, bedeutet es nicht, dass es kein Potenzial zur Verbesserung gibt. Und deshalb muss gerade die Unternehmensführung ständig auf der Suche nach Optimierungen und Verbesserungen sein. Voraussetzung ist natürlich, dass man alle Bereiche der Organisation kennt und eine Kultur etabliert hat, in der Schwachstellen sofort aufgezeigt werden. Verbesserung ist aber auch kein Selbstzweck und sollte nicht als Schlagwort verwendet werden. Es gilt eine klare Vorstellung davon zu vermitteln, was "besser" eigentlich meint. Wer versteht, dass Verbesserungen am eigenen Arbeitsplatz Teil der täglichen Arbeit sind, wird dabei helfen, das Unternehmen weiter voranzubringen und dem in der Mission beschriebenen Ziel immer näher zu kommen.

4. Ziele, Mission und die Strategie miteinander verbinden

Wenn die Mannschaft weiß, wohin die Reise geht, ist sie auch bereit, sich dafür einzubringen. Was früher vor allem für die Entdecker der Welt wie Kolumbus und Magellan galt, ist auch heute noch für Firmen wichtig. Wenn Deine Mitarbeiter wissen, welche Vision das Unternehmen hat, welche Ziele es verfolgt und mit welcher Strategie diese erreicht werden sollen, dann sind sie motivierter, bei diesem Vorhaben auch mitzumachen. Und motivierte Mitarbeiter, die sich mit ganzem Herzen einbringen, sind auch effizienter. Wer das Gesamtbild versteht, versteht seine Rolle bessert und ist auch eher in der Lage, sich dem großen Ganzen unterzuordnen. Das bedeutet aber nicht, dass Du Befehle verteilen sollst. Es geht vielmehr darum, dass Deine Mitarbeiter ihre Bedürfnisse bisweilen denen des Unternehmens unterordnen. Letztlich ist es eine Frage der Transparenz: Je offener Strategie, Vision und Mission kommuniziert werden und je deutlicher sie auch von der Führungsetage gelegt werden, umso stärker verankern sie sich auch im Bewusstsein der Mitarbeiterschaft.

David Jacquemont vom Pariser McKinsey Büro beschreibt den Effekt, den die vier Prinzipien auf ein Unternehmen haben, wie folgt: "Wenn die Erfahrung einer Firma mit dem neuen System größer wird, werden ihre Ressourcen auch größer. Gleichzeitig fördert Lean Management auch eine Kultur, in der man sich ständig neu bewertet. Schritt für

Schritt wird sich das auch auf das System selbst ausweiten – die Firma wird auch versuchen, seine Umsetzung des Lean Managements selbst zu verbessern und überlegen, wie es noch mehr Ideen entwickeln und noch weiter gehen kann".[6]

Wenn Du diese Prinzipien liest, wirst Du sicher feststellen, dass die eine oder andere Aussage durchaus auch für Deine Firma gilt oder für Unternehmen, in denen Du vorher gearbeitet hast. Jeder glaubt, die Bedürfnisse der Kunden zu befriedigen, die Mitarbeiter zu fördern, Verbesserungen zu suchen und eine Strategie zu haben. Der Unterschied ist aber, dass diese vier Prinzipien die Grundlage allen Handelns sind. Sie werden nicht beim Kick-Off-Meeting einmal im Jahr besprochen oder im Jahresbericht aufgeschrieben. Sie werden jeden Tag von allen Mitarbeitern gelebt. Es ist nicht allein Aufgabe der Marktforschung, die Kunden zu verstehen, und es ist nicht allein Aufgabe der Personalabteilung, Mitarbeiter zu fördern.

Richard Hemsley hat als COO Lean Management bei der Royal Bank of Scotland eingeführt, keine leichte Aufgabe, wenn man bedenkt, dass er am Ende 30.000 Mitarbeiter erreichen muss. Seine wichtigste Beobachtung war, dass Lean kein Projekt ist, das irgendwann zu Ende geht, sondern den Anfang eines Prozesses darstellt: "Verglichen mit vorhergehenden Versuchen, kontinuierliche Verbesserungen

---

[6] McKinsey (2011): Lean Management – New frontiers for financial institutions, S. 15

einzuführen, war der größte Unterschied die Investitionen, die wir in Trainings, Entwicklung und in die Fortführung von Lean nach dem Ende der Einführungsphase gemacht haben. Vorher hatten wir kurzfristige Erfolge in der Produktivität oder in der Qualität, aber wir gaben uns nicht die Möglichkeit, uns weiter zu entwickeln und diese Vorteile auch in der Zukunft zu nutzen. Diesmal haben wir diesem Aspekt mehr Aufmerksamkeit gewidmet."[7]

---

[7] McKinsey (2011): Lean Management – New frontiers for financial institutions, S. 12

3.3 Das Team

Jede Veränderung in einer Organisation kann nur durchgeführt werden, wenn man die richtigen Mitarbeiter zusammenbringt, die ein solches Change-Projekt leiten und durchführen können. Wenn Du in Deiner Firma ein Lean-Projekt starten willst, dann ist es wichtig, dass in dem Team Mitarbeiter aus allen Bereichen, vor allem aber auch aus allen Führungsebenen sind. Eine Projektgruppe, die aus Abteilungsleitern besteht und vom Geschäftsführer geleitet wird, ist quasi zum Scheitern verurteilt, weil mit großer Wahrscheinlichkeit nur gesagt wird, was der Chef hören will, traditionell aber auch die mittlere Führungsebene nicht über alle notwendigen Informationen verfügt. Das Team wird robust sein müssen, denn viele Vorschläge, die es machen wird, werden nicht gleich auf Begeisterung stoßen. Du kannst hier die grundsätzlichen Methoden des Change Managements anwenden, wenn es an die Implementierung geht.

Gleichwohl gibt es aber einige inhaltliche Herausforderungen an das Team. Denn selbst wenn die **vier Prinzipien** von allen verstanden werden, liegt der Teufel oft im Detail.

3.3.1 Prinzip 1: Was ist das Verständnis von Nutzen

Der CEO wird den Kundennutzen anders definieren als ein Verkäufer im Laden. Selten gibt es ein einheitliches Verständnis, und es ist normal, dass der Kundennutzen vom Unternehmen formuliert wird und nicht vom Kunden selbst.

> Ein **Beispiel** ist eine Konferenz, die in Asien veranstaltet wurde und junge Menschen im Bereich Zivilgesellschaft und Technologie weiterbilden sollte. Die Organisatoren hatten eine Agenda, nämlich die offene Gesellschaft mittels offenem Datenaustausch fördern. Bezahlt wurde die Konferenz von Spenderorganisationen, die ebenfalls unterschiedliche Agenden hatten und die Hauptthemen der Konferenz vorgaben. Dann wurden passende Redner gesucht, die den Vorgaben der Spender und der Organisatoren entsprachen. Zu keinem Zeitpunkt aber wurden die Teilnehmer gefragt, was sie eigentlich wollen. Und so meldeten sich zwar viele an, weil es kostenlos war, waren aber in vielen Fällen rat- und hilflos, weil sie nicht verstanden, um was es in den Vorträgen ging.

Den Kundennutzen zu verstehen und zu formulieren ist einer der wichtigsten Prozesse beim Lean Management und wird auch immer andauern. Zu Beginn eines Lean-Projekts ist aber wichtig, dass man sich auf ein gemeinsames Bild einigt. Sollte eine Einigung schwierig sein, dann kannst Du Folgendes tun:

1. Frage Deine Verkäufer, die am meisten mit den Kunden zu tun haben, was sie denken.

2. Frage Kunden (persönlich, nicht in einer Umfrage) über ihre Wünsche und Bedürfnisse.

3. Geht es um die Einführung neuer Produkte oder Dienstleistungen, dann teste so früh wie möglich mit einem ausgewählten Kundenkreis.

3.2.2 Prinzip 2: Wo entsteht Verschwendung?

Wenn Du Deinen Geschäftsführer fragst (oder wenn Du es selbst bist, Dich selbst), wo es Verschwendung gibt, dann wirst Du wenig Beispiele finden. Fragst Du aber Mitarbeiter, die vor Ort arbeiten, werden sie Dir eine ganze Liste an Beispielen bringen können. Die Mitarbeiter "draußen", wie es oft in den Konzernzentralen bezeichnet wird, haben oft ein besseres Bild wie man das Tagesgeschäft verbessern kann als die Top-Manager.

BEISPIEL:

Der Besitzer eines Restaurants fragte seine Mitarbeiter, wo man Einsparpotenzial sehe, weil gerade im Bereich Lebensmittel die Kosten steigen, er aber keine Abstriche bei der Qualität machen wollte. Eine Mitarbeiterin wies ihn auf die Kaffeemaschine hin: Wird Espresso gemacht, dann wird immer ein Teil vom Kaffeehalter abgestrichen, damit es eine glatte Oberfläche gibt. Dieses Pulver wird dann meistens weggewischt. Sie schlug vor, es doch nicht wegzuwerfen. Der Restaurantbesitzer wog das Pulver und rechnete hoch, dass man im Jahr fast einige Kilo Kaffee weggeworfen hatte-

Verbesserungsvorschläge und Verschwendung gibt es überall, und Mitarbeiter fühlen sich motiviert, wenn sie sehen, dass ihre Ideen und Ratschläge angenommen und umgesetzt werden. Ein Lean Team sollte deshalb so früh wie möglich den Konferenzraum verlassen und sich das Tagesgeschäft anschauen und mit so vielen Mitarbeitern wie möglich sprechen. Eine klassische Verschwendung sind übrigens Meetings, vor allem, wenn diese nicht vorbereitet sind.

TIPP:

Um ein Meeting effizient zu gestalten, sollten dort nicht Berichte abgegeben werden, sondern nur diskutiert werden. Jeder Teilnehmer sollte vorher alle Unterlagen haben, die notwendig sind. Das vermeidet lange (und langweilige) Präsentationen und schafft Zeit, um effizienter Lösungen zu erarbeiten.

Eines der besten Beispiele, wie man im Groß- und Einzelhandel Verschwendung verringern kann, ist die amerikanische Supermarktkette **Wal-Mart**. Im Einzelhandel ist eines der größten Probleme die Logistik: Man bekommt Waren von den Zulieferern, lagert diese in Regionalzentren und verteilt sie dann an die jeweiligen Filialen, die wiederum kleinere Lager haben. Walt-Mart sah in den Lagerhäusern eine gigantische Verschwendung und schuf das Cross-Docking-System.[8] Dabei handelt es sich um das Prinzip der direkten

---

[8] Soni, P. (2015): Managing Walmart's Supply Chain – Cross-Docking and Other Tools. URL: https://marketrealist.com/2015/02/managing-walmarts-supply-chain-cross-docking-tools [Stand: 17-11-2018]

Übergabe: Ein Zulieferer bringt seine Waren direkt zum Lastwagen oder den Eisenbahnwagen. Die Lastwagen laden ihre Waren direkt an den Filialen aus, wo sie sofort in die Regale kommen. So sind nur noch geringe Lagerkapazitäten notwendig. Das bedeutet auch, dass die Lastwagenflotte ständig in Bewegung ist und wesentlich weniger Leerfahrten gemacht werden.

So ein radikaler Ansatz geht aber nicht, ohne auch die Planung zu verbessern, und so investierte Wal-Mart große Summen in ihre Software, mit der das Inventar und die Zulieferer verwaltet wurden. Gleichzeitig wurden mit den Zulieferern langfristige Verträge geschlossen, was bedeutete, dass sie auch bereit waren der Nachfrage entsprechend zu produzieren, statt in kurzer Zeit so viel wie möglich an den Konzern zu verkaufen. Ein weiteres Beispiel, wie man Verschwendung verringert indem man investiert, war die aggressive Ausweitung von Filialen. Viele Experten hatten sich gewundert, warum Wal-Mart einen neuen Markt aufmacht, wenn es in der Gegend bereits einen Markt gibt. Man sagte Kannibalisierungseffekte voraus, die schließlich beide Filialen unprofitabel machen würden. Aber das Gegenteil war der Fall: Ein Grund für die Expansion war, dass man mit einer neuen Filiale schlichtweg mehr Kassen in einer ohnehin profitablen Gegend etablierte. Kunden mussten weniger lange warten, das Einkaufsgefühl war besser, was letztlich dazu führte, dass beide Filialen mehr Kunden bekamen.

3.2.3 Prinzip 3: Pull etablieren

Was eigentlich aus der Lean Produktion stammt, sollte auch in einem Team verwendet werden: Das Pull Prinzip. Digitale Kanban Boards oder Whiteboards und Tafeln können dabei helfen, dass Dein Team sich nicht verzettelt. Denn so wie es im Unternehmen bei der Produktion und Tagesarbeit Verschwendung gibt, ist auch Dein Lean Team nicht davon ausgenommen. Es ist also wichtig, dass es nicht zu viele Aufgaben gleichzeitig annimmt. Indem immer nur so viele Aufgaben aus einer Liste entnommen werden, wie auch gleichzeitig bearbeitet werden können, lernt das Team selbst Lean Techniken anzuwenden. Selbstüberforderung ist eines der großen Probleme bei Teams, die hochmotiviert sind, wenn es um Veränderungen geht.

Ein gutes **Beispiel**, wie man Pull in den kompletten Prozess einbindet, ist die Modekette **Zara**. In dem Unternehmen ist Lean in allen Bereich etabliert worden, einer der größten Effekte sind aber die geringen Lagerkosten. Um das zu erreichen, musste Gründer Amancio Ortega Gaona sich etwas Besonderes einfallen lassen. Bislang war es in der Modeindustrie so, dass es zwei Kollektionen pro Jahr gab, diese in den Hauptquartieren designed wurden und man dann die Designs nach Asien schickte, wo die Mode in großen Fabriken produziert und dann verschifft wurde. Gaona änderte dieses System: Entscheidend für ihn war, was die Kunden wollten. Er entwickelte eine kleine Kollektion, die dann in den Läden getestet wurde. So wusste Zara schnell, was Kunden wollen und konnte ähnliche Designs produzieren. Heute werden jeden Monat 1.000 verschiedene Bekleidungsstücke entworfen, produziert und in den Verkauf gebracht. Das Unternehmen schaut genau, wie lange ein Kunde im Geschäft verweilt und was er oder sie kauft, und reagiert, wenn es Veränderungen gibt, umgehend.

Zara hat auch die Just-in-Time-Produktion in der Modeindustrie eingeführt und perfektioniert.[9] Statt alles in Asien zu produzieren, wo man zwar geringere Löhne hat, aber auch hohe Produktionskosten und Ausgaben für das Qualitätsmanagement, produziert Zara in 300 Fabriken in Nordafrika und der Türkei. Das macht es möglich, Produkte innerhalb von 24 Stunden auf den europäischen Markt und in 40 Stunden nach Nordamerika und Asien zu bringen.

Das macht die Firma viermal profitabler als andere Mitbewerber. Es wird damit auch immer nur das produziert, was schnell verkauft werden kann. Ist ein T-Shirt, ein Kleid oder ein Anzug verkauft, wird entweder nachproduziert oder ein neuer Entwurf in die Läden gebracht, der ähnliche Eigenschaften hat. Die Kundenorientierung geht soweit, dass jeden Tag nach Ge-

---

[9] Robinson, N. (2015): How Zara used Lean to become the largest fashion retailer. URL: https://www.linkedin.com/pulse/how-zara-used-lean-become-largest-fashion-retailer-nathan-robinson/ [Stand: 05-12-2018]

schäftsschluss die Manager in den 2.000 Geschäften in 88 Ländern sich an den Computer setzen und eingeben, was sie über die Kunden und ihr Kaufverhalten an diesem Tag gelernt haben. Diese Daten gehen direkt in die Zentrale zu den Designern, die darauf basierend dann die neuen Entwürfe machen. Notiert werden auch alle Rückgaben und die Gründe für die Rückgaben.

3.2.4 Prinzip 4: Ständige Verbesserungen auch im Team

Auch die Gruppe, die für die Einführung von Lean Management verantwortlich ist, wird sich selbst ständig verbessern können. Als Teamleiter wirst Du darauf achten müssen, dass man nicht in einem Projektplan stecken bleibt, sondern Methoden hat, die eigene Arbeit zu reflektieren. Das kann über Kennzahlen geschehen, die für die Mitarbeiter und den Projektfortschritt etabliert werden oder über Meilensteine, die gemeinsam formuliert werden. Dabei sollten die Mitarbeiter nicht überfordert werden, denn ein alter Spruch sagt: "Multitasking ist die beste Möglichkeit, mehr als eine Sache gleichzeitig falsch zu machen."

Wenn Du die **vier Grundprinzipien des Lean Managements** verstanden hast und weißt, welche Rolle Dein Team bei der Einführung von Lean spielt, dann kannst Du Dich an das Thema Kultur wagen.

3.4 Eine Kultur, die Probleme löst

Der Erfolg von Veränderungen hängt immer auch davon ab, welche Kultur in einem Unternehmen herrscht. Kultur entwickelt sich und kann nicht von oben herab verordnet werden. Aber man kann diese Entwicklung zumindest in gewisse Bahnen lenken, wenn man sich ihrer bewusst ist. Es gibt keine richtige Unternehmenskultur, sondern nur eine, die in einem bestimmten Unternehmen gewachsen ist und den Alltag der Mitarbeiter weitgehend bestimmt.

Organisationen, die eine offene Kultur haben, in der auch Neues angenommen wird, haben es einfacher, sich zu verändern als solche, die sehr starre Strukturen haben. Łukasz Dekier[10] hat in einer Arbeit über die Herkunft und die Evolution von Lean Management einige Faktoren bestimmt, die eine Kultur ausmachen, in der Lean Management am besten gedeihen kann:

3.4.1 Eine gute Atmosphäre am Arbeitsplatz

Es ist unerlässlich, dass der Arbeitgeber dafür sorgt, dass es eine gute Arbeitsatmosphäre gibt. Diese hilft nicht nur den

---

[10] Dekier, L. (2012): The Origins and Evolution of Lean Management System

Angestellten ihre Arbeit zu machen, sondern bildet auch Brücken zwischen Mitarbeitern und dem Unternehmen. Im Ergebnis sind Mitarbeiter motivierter, auch wenn es zum Beispiel darum geht, dass einmal Überstunden gemacht werden müssen, weil es die Arbeit gerade erfordert – und diese Arbeit auch während der Überstunden genauso gut gemacht wird.

3.4.2 Klare Ziele vorgeben

Damit jemand einen guten Job machen kann, muss er oder sie wissen, was das gemeinsame Ziel und was sein Ziel ist. Um das klar zu machen, muss es sowohl kurzfristige als auch mittel- und langfristige Ziele für den Mitarbeiter geben. Das bedeutet in der Praxis, dass er oder sie eine Zukunft im Unternehmen sehen muss, zum Beispiel über Karrieremöglichkeiten, aber auch, dass in der Tagesarbeit ganz klar ist, was gemacht werden muss. In einem Unternehmen, das nach dem Lean Management System arbeitet, sind Karrierepfade auch transparent und Mitarbeiter wissen, welche Anforderungen es gibt, um zu Beispiel befördert werden zu können.

3.4.3 Kommunikation

In vielen Fällen, in denen es Probleme in einer Firma gibt, wirst Du die Ursache in der fehlenden Kommunikation, vor allem im Bereich der Personalentwicklung finden. Im Lean

System gibt es keine Kommunikationsbarrieren, vielmehr wird gefordert, dass man auch über Abteilungsleiter- und Hierarchieebenen hinweg miteinander kommuniziert. "Ist nicht meine Aufgabe" oder "Dafür bin ich überqualifiziert" sind keine Aussagen, die in einem solchen Umfeld hilfreich sind. Was helfen kann, sind kurze Tageszusammenkünfte, in denen kurz abgeklärt wird, wo es Probleme gibt und wie man sie lösen kann. Dabei kommen alle zusammen, die in einem Bereich tätig sind – solange es von der Gruppengröße her sinnvoll ist. Wichtig ist, dass nicht (nur) ein Teamleader oder ein Abteilungsleiter spricht, sondern dass die Mitarbeiter zu Wort kommen und das Meeting bestimmen. Im Bereich Softwareentwicklung haben die Daily Stand-ups eine solche Funktion, wenn auch mehr auf die eigentliche Produktion konzentriert. Aber wenn Du bereits Erfahrung mit Scrum und Agile haben solltest, wirst Du auch schon solche Meetings erlebt haben und kannst sie recht einfach in andere Branchen umsetzen.

3.4.4 Richtige Motivation

Beim Lean Management werden Führungskräfte aufgefordert, sich von den traditionellen Belohnungs- und Motivationssystemen zu verabschieden. Statt Gehaltserhöhungen und dem alten Zuckerbrot-und-Peitsche-System braucht es neue Wege, um Mitarbeiter zu motivieren. Denn der Nachteil an den klassischen Belohnungen ist, dass sie meist nur einen kurzfristigen Effekt haben und auch nur der Belohnung wegen den Mitarbeiter motivieren, nicht aber um das Unternehmen voranzubringen. Bessere Motivationen sind klare Karrieremöglichkeiten, wie oben angesprochen, aber auch Verbesserungen der Arbeitsumgebung, wie die Möglichkeit teilweise von zu Hause aus zu arbeiten, wenn es die familiären Umstände erlauben. Am wichtigsten ist aber, den Mitarbeitern Verantwortung zu übertragen. Nichts motiviert so sehr wie das Vertrauen, das man bekommt, wenn man die Verantwortung für eine Aufgabe haben will. Im Lean Management ist es deshalb besonders wichtig, dass Führungskräfte in der Lage sind, Kontrolle abzugeben.

3.4.5 Eigene Personalkapazitäten nicht verschwenden

Gerade wenn eine Organisation lange Zeit erfolgreich operiert und auch die Geschäftszahlen ordentlich sind lässt man oft die Personalentwicklung schleifen. Schließlich macht ja jeder seinen Job. Oftmals wird aber nicht das komplette Potenzial ausgenutzt, und dann werden wertvolle Personalressourcen verschwendet.

> **BEISPIEL:**
>
> Ein Mitarbeiter in der Buchhaltung ist seit 15 Jahren im Unternehmen, kennt die Bilanzen und Konten in- und auswendig und hat schon mehrere Umstrukturierungen mitgemacht. Er hat klare Aufgaben, aber wenige neue Herausforderungen. In sei-

ner Freizeit hat er begonnen, sich mit **FinTech** zu beschäftigen und vor allem mobilen Transaktionen, die im eigenen Unternehmen noch keine Rolle spielen. Er teilt seine Ideen seinem Vorgesetzten mit, der aber lediglich sagt, er werde das den Kollegen der IT weitergeben.

Das Problem ist nur, dass die IT keine Kompetenzen hat, wenn es um die strategische Bewertung von mobilen Transaktionen geht. Niemand im Unternehmen hat sie, mit Ausnahme des Mitarbeiters, der das Thema angesprochen hat. Es wäre eine Verschwendung, ihn wieder zu seinem Schreibtisch zurückzubringen und externe Kräfte einzukaufen, die dann ein Projekt aufsetzen. Stattdessen solltest Du in diesem Fall den Mitarbeiter mindestens eine Rolle in dem Projekt geben, oder – je nach Fähigkeiten – sogar das Projekt leiten lassen.

3.4.6 Mitarbeiter sich selbst entwickeln lassen

Es liegt in unserer menschlichen Natur, dass wir neugierig sind und gerne neue Dinge entdecken, auch wenn wir mit dem Alter auch fauler werden. Wer heute in einem Unternehmen arbeitet, will mehr als nur einen Schreibtisch und ein Monatsgehalt. In fast allen Bereichen sind Mitarbeiter heute hochqualifiziert. Selbst ein Automechaniker nimmt heute nicht mehr als erstes einen Schraubenschlüssel in die

Hand, wenn er ein Auto untersucht, sondern schließt das Diagnosegerät an die Fahrzeugelektronik an. Wenn Du in einem Kfz-Betrieb Deine Mitarbeiter nicht ständig fortbildest, werden sie entweder nicht mehr in der Lage sein, ein Auto zu reparieren oder aber zu anderen Firmen abwandern, die ihnen bessere Fortbildungsmöglichkeiten bieten. In schlanken Firmen ist es eben keine Verschwendung, wenn man in die Mitarbeiterfortbildung investiert, sondern wenn man Mitarbeiter, die man bereits hat, nicht mit ihrem vollen Potenzial ausnutzt.

Bei Führungskräften sind es vor allem die so genannten Softskills, die entwickelt werden müssen. Hintergrund ist, dass Menschen nur motiviert werden, wenn sie einen kompetenten Motivator haben. In einem modernen Unternehmen folgen die Mitarbeiter der Führung, weil sie wollen und nicht, weil sie müssen. Das schaffen aber nur Leader, die resilient sind, die Fachkompetenzen haben, die Kontrolle abgeben können, die sich selbst kontrollieren und reflektieren können und die vor allem in der Lage sind, eine Vision sowohl selbst zu leben als auch anderen vermitteln zu können.

3.4.7 Hoshin Kanri

Auch hier haben die Japaner eine Methode entwickelt, die versucht, die Visionen eines Unternehmens so zu implementieren, dass sie sich letztlich auch in der Kultur niederschlagen. Hoshin Kanri bedeutet "Kompassnadel des Managements" und dient der Überführung der Unternehmensvision auf alle anderen Unternehmensebenen, um die Aktivitäten an den übergeordneten Zielen und auf kontinuierliches Lernen sowie die Verbesserung der Prozesse auszurichten. Die systematische Kommunikation zwischen der Unternehmensebenen sowie zwischen den Funktionsbereichen führt zu einer zielorientierten Planung von Prozessen und Aktivitäten sowie vorhandener Verbesserungspotenziale. Mögliche Zielkonflikte zwischen Unternehmensebenen oder Bereichen werden durch die bessere Kommunikation verhindert.[11]

Nur wenn eine Organisation in der Lage ist zu lernen und eine gemeinsame Sprache hat kann auch eine Kultur der ständigen Verbesserungen entstehen. Bei Hoshin Kanri werden die strategischen Ziele von der Führung in Teilziele zerlegt, die dann an das mittlere Management weitergegeben werden. Aus diesen werden dann in den unteren Ebenen operative Maßnahmen abgeleitet. Wichtig dabei ist, dass bei Problemen nicht auf der unteren Ebene eine Lösung gefun-

---

[11] Busse, M. (2017): Implementing Lean Management – ein ganzheitliches Vorgehensmodell zur nachhaltigen Implementierung des Lean Managements in KMU, S. 78

den wird, sondern das Problem gemeinsam mit den oberen Ebenen erörtert wird.

Der Vorteil der Hoshin-Methode ist, dass Visionen und Strategien bis nach unten kommuniziert werden. Einer der Nachteile ist aber der Top-Down-Ansatz: Den unteren Ebenen bleibt nur die Ausführung und das kann demotivierend wirken. Außerdem kann es passieren, dass zu viele kleine Ziele gleichzeitig umgesetzt werden sollen. Das kann durch ein Catchball-System aufgefangen werden, bei dem es regelmäßige Meetings gibt, bei denen die Meinung von Mitarbeitern aller Ebenen eingeholt wird. Hoshin hat auch die Neigung, schnell zu bürokratisch zu werden und die strategischen Einzelziele über die Ziele der Tagesarbeit zu stellen.
Der Name Catchball kommt von dem Gedanken, dass das Management die Strategien und Visionen formuliert und diese Ideen dann wie einem Ball den unteren Ebenen zuwirft und auf Rückmeldung wartet.

4. Methoden im Lean Management

Es gibt mehrere Methoden, die eng mit Lean Produktion und Lean Management verbunden sind, aber auch die dahinterliegende Philosophie zum Ausdruck bringen. Du kannst diese Methoden sowohl einzeln als auch kombiniert anwenden. Sie alle stammen aus der Produktion, sind dann aber verallgemeinert worden und können heute auch im Management und in der Unternehmensführung eingesetzt werden.

4.1 Kaizen

Dieses japanische Prinzip besagt, dass es eine ständige Verbesserung gibt. Es bedeutet Wandel zum Besseren, was Dir schon klar sagt, dass es positiv besetzt ist: Der Wandel dient dem Guten und ist kein Selbstzweck. Verbesserung nach dem Kaizen-Prinzip ist ein ständiger Prozess, der niemals endet. Er findet auf allen Ebenen statt. Oftmals sind solche Verbesserungen nur kleine Details, die aber große Auswirkungen haben können. Zu einem gewissen Maße steht das im Widerspruch zur Innovation, die meistens in bestimmten Abständen gemacht wird. Im Kaizen wird ein Produkt, ein Unternehmen oder eine Dienstleistung ständig verbessert und verändert.

Im westlichen Management ist das in die Theorie des Kontinuierlichen Verbesserungsprozesses (KVP) eingeflossen. Zu diesen gehören:

- Innerbetriebliches Vorschlagswesen
- Weiterbildung
- Prozessorientierung
- Reduzierung von Hierarchieebenen
- Qualitätsmanagement

Die ständige Verbesserung hat aber den Nachteil, dass nur mit bestehenden Produkten und Dienstleistungen gearbeitet wird, und diese zum Teil zu Monstern wachsen, die wiederum nur noch schwer zu verwalten sind. Ein Beispiel sind Webagenturen, die dann auch Softwareentwicklung anbieten, schließlich noch Apps entwickeln und sich auch noch auf Virtual Reality spezialisieren wollen. Es kann der Punkt kommen, an dem es besser ist, ein Produkt oder eine Dienstleistung nicht mehr weiterzuentwickeln, sondern eventuell in mehrere Bestandteile aufzuteilen. Dennoch ist die Grundhaltung, nämlich niemals auszuruhen und immer nach Verbesserung zu suchen, ein wesentlicher Bestandteil von Lean Management.

4.2 Kaikaku

Die Philosophie des Kaikaku ist das genaue Gegenteil des Kaizen und bedeutet radikale Veränderung. Dabei ging es ursprünglich darum, dass ein Unternehmen zumindest für einen bestimmten Zeitraum in der Lage sein muss, bestimmte Produktionsprozesse fundamental zu verändern. Während Kaizen ein andauernder kontinuierlicher Prozess ist, hat Kaikaku eine kurze Lebensdauer und wird meist als Projekt eingeführt. Deshalb ist es auch weniger als Unternehmensphilosophie zu verstehen sondern als Methode, um Veränderungen, die gemacht werden müssen, auch schnell und wirksam umzusetzen. Der Japaner Hiroyuki Hirano, der auch die 5S Methode entwickelt hat, beschreibt die 10 Grundregeln des Kaikaku[12] wie folgt:

- Wirf alle traditionellen Produktionsmethoden über Bord

- Stelle Dir vor, wie die neue Methode funktioniert, nicht wie sie nicht funktioniert

- Akzeptiere keine Entschuldigungen. Verneine den Status Quo

---

[12] Kaizenworld (2016): Kaikaku. URL: https://www.kaizenworld.com/kaizen-blog/kaikaku.html [Stand: 21-11-2018]

- Suche nicht die Perfektion. Eine 50% Implementierung ist in Ordnung, solange sie sofort gemacht wird

- Verbessere Fehler, sobald Du sie gefunden hast

- Gib kein Geld für Kaikaku aus

- Ein Problem ist eine Chance, um Dein Gehirn zu benutzen

- Frage fünfmal "Warum"

- Die Ideen von zehn Personen sind wertvoller als das Wissen einer Person

- Kaikaku kennt keine Grenzen

So radikal Kaikaku sich selbst sieht, so weniger radikal wird es eingesetzt. Oder in anderen Worten: Der radikale Ansatz hilft dabei, eine Veränderung wirklich in Gang zu bringen. Aber das Tempo wird nicht lange zu halten sein, und deshalb ist Kaikaku auch so eine gute Ergänzung zu Kaizen. Es ist meistens die Initialzündung, die neue Prozesse in Gang bringt oder das Management dazu zwingt, jetzt einen anderen Kurs einzuschlagen.

4.3 Kanban

Kanban ist eigentlich eine Methode, die aus der Produktionssteuerung kommt. Sie orientiert sich am tatsächlichen Bedarf von Rohstoffen und Produktionsmitteln sowie Materialen am Produktionsort. Es ist wesentlicher Bestandteil der Just-in-Time-Produktion und dient dazu, Lagerbestände zu reduzieren und auch zu verhindern, dass Produkte weggeworfen werden müssen, weil die Haltbarkeit im Lager abgelaufen ist (zum Beispiel in der Pharmaindustrie). Es arbeitet mit Karten, die die eingesetzten Materialen verfolgen. In der Produktionssteuerung werden Tafeln eingesetzt, auf denen die Arbeit eingetragen wird. Sie sind unterteilt in To Do, Doing und Done (in der einfachsten Form), und haben eine Maximalkapazität. So wird erreicht, dass immer nur so viel Arbeit gemacht wird, wie das System auch vertragen kann.

Kanban ist aber längst auch im Projektmanagement angekommen, wo es vor allem einen guten Überblick bietet, wie gut der Arbeitsfluss ist und ob es zu Problemen kommt, weil dieser stockt. Im Management wird Kanban verwendet, um einen möglichst gleichmäßigen Arbeitsfluss zu erreichen und damit keine Ressourcen zu verschwenden. Wie bei allen Lean Methoden werden auch hier Fehler schnell entdeckt und behoben, damit der Fluss wiederhergestellt ist.

Bei Wikipedia wird die Bedeutung des Flusses besonderen herausgestellt: „Eines der wichtigsten Gestaltungsprinzipien des Lean Managements ist der kontinuierliche und geglättete Ablauf der Produktion, das Fluss-Prinzip. In vielen Organisationen wird in den Abteilungsgrenzen optimiert, werden Linien und Zellen mit höchster Produktivität gefahren, doch führt diese funktionsorientierte Denkweise nicht unbedingt zum Optimum. Schaut man aus der Produktsicht auf den Produktionsprozess, stellt man die vielen Stopps in Form von Zwischenlagern und Pufferbeständen fest.[13]"

4.4 Six Sigma

Six Sigma wurde in den späten 70er Jahren von Motorola in den USA eingeführt, und zwar um die Produktion zu verbessern. Es ist ein Managementsystem, das Prozesse verbessern soll, arbeitet mit Daten und ist ein Instrument der Qualitätsverbesserung. Im Kern werden Geschäftsprozesse mit Daten untersucht und aufgrund von den daraus resultierenden Analysen verbessert. Es beruht auf einer Methode aus fünf Elementen:

- Define (Definiere)

- Measure (Messe)

- Analyse (Analysiere)

- Improve (Verbessere)

- Control (Kontrolliere)

---

[13] riss Consulting (2016): Qualitätsmanagement. URL: http://www.riss.de/consulting/qualitaetsmanagement/ [Stand: 24-11-2018]

Das Prinzip wurde bald auch von Jack Welch übernommen, dem mächtigen CEO bei General Electric, und schließlich zu einem Standard in der Fertigungsindustrie. Aber auch viele Dienstleistungsunternehmen nutzen die Methodik. Sie ist auch deshalb verbreitet, weil sie durch die Zahlen Fakten liefert, die einfacher zu bewerten sind als nur eine Philosophie. In einem Six Sigma Projekt werden die Rollen entsprechend den Gürtelfarben japanischer Kampfsportarten zugeordnet. Es gibt den Champion, den schwarzen Meister Gürtel (Coach und Trainer), den schwarzen Gürtel (Vollzeit im Projekt mit hoher Kompetenz) und grünen Gürtel (Management, meistens Abteilungsleiter). Die Farben weiß, gelb und blau werden auch verwendet, aber nicht für Projektleitungsaufgaben.

Six Sigma ist deshalb Teil des Lean Managements und des Lean Manufacturing, weil es die ständige Verbesserung der Prozesse zum Ziel hat und damit auch Einsparungen dort erreichen will, wo offensichtlich Ressourcen verschwendet werden.

4.5 5S

Eine sehr bekannte und einfache Methode aus dem Bereich des Lean Management und der Lean Produktion ist das 5S System, das ebenfalls von Toyota stammt. Die **fünf S** stehen für:

„Seiri

Sortiere aus. Alles was für die Arbeit an diesem Platz nicht benötigt wird, wird aussortiert."

„Seiton

Stelle ordentlich hin. Was tatsächlich gebraucht wird, bekommt einen unter ergonomischen Gesichtspunkten ausgesuchten, definierten und gekennzeichneten festen Platz."

„Seiso

Säubere. Jeder reinigt seinen Arbeitsplatz und seine Arbeitsutensilien selbst. Dabei werden Mängel erkannt, markiert und stetig abgearbeitet. Die Reinigung dient dem Prüfen."

„Seiketsu

Standardisiere. Das bedeutet Verwendung von einheitlichen Kennzeichnungen, Beschriftungen und Markierungen am gesamten Arbeitsplatz zu jeder Zeit. Stetiges Aufräumen verhindert, dass neue Gegenstände ungeplanten Zugang zum Arbeitsplatz finden."

„Shitsuke

Selbstdisziplin und ständige Verbesserung (Kaizen). Damit Ordnung und Sauberkeit aufrechterhalten werden, ist Disziplin erforderlich. Ist eine Stellfläche für ein Werkzeug definiert, gehört es auch immer dahin. Es werden regelmäßige Kontrollen durchgeführt und Abweichungen notiert. Festgestellte Abweichungen müssen beseitigt werden."[14]

Was zunächst für die Arbeitsplätze in der Produktion galt, wird zunehmend auch in einem allgemeineren Sinne in anderen Bereichen umgesetzt. Letztlich können damit fast alle Prozesse in einem Unternehmen optimiert werden.

5S besteht aus wenigen Elementen, weshalb sie als unkompliziert einzustufen ist. Die kontinuierliche Aufrechterhaltung der Ordnung erhöht einerseits den Zeitbedarf des Methodeneinsatzes, die beim ersten Durchlauf geschaffene Ordnung und deren Standards führen andererseits dazu, dass weitere Durchläufe schneller abgewickelt werden. Die geringe Ausbildungsdauer sowie der geringe Zeitbedarf für die Anwendung im Unternehmen sind aus KMU-Sicht positiv zu bewerten. Der Nutzen von 5S liegt in der durch die Vermeidung von Suchzeiten erreichbaren Verringerung der Durchlaufzeit, der Offenlegung von Verbesserungspotenzialen sowie der Steigerung des Wohlbefindens der Mitarbeiter

---

[14] detektierbar.de (2016): 5S Sortiment – Lean Management. URL: https://detektierbar.de/5s-sortiment.html [Stand: 27-12-2018]

am Arbeitsplatz. Die Integration der Mitarbeiter bei der Arbeitsplatzgestaltung in Verbindung mit der Vermeidung von Verschwendung steigern die Mitarbeitermotivation.[15]

In einem Dienstleistungsunternehmen kann 5S zum Beispiel für die Ordnung auf Schreibtischen, vor allem wenn es gemeinsam genutzte Büros sind, angewendet werden. Andere Beispiele, was man vermeiden kann, sind:

- Informationsüberfluss
- Überflüssiges Bewegen von Dokumenten
- Lange Laufwege von Mitarbeitern
- Warten auf Rückmeldungen/Freigaben
- Ungeeignete IT-Systeme
- Suboptimale Ablage/Archivierung
- Nutzlose Tätigkeiten
- Überflüssige Rückfragen
- Unlesbare Datenformate/Dokumente
- Veraltete Unterlagen

---

[15] Busse, M. (2017): Implementing Lean Management – ein ganzheitliches Vorgehensmodell zur nachhaltigen Implementierung des Lean Managements in KMU, S. 78

Die 5S Methode kann allein angewandt werden, auch um schnelle Ergebnisse zu bekommen, oder aber in andere oben genannte Methoden eingefügt werden. So ist das letzte S zum Beispiel wesentlicher Bestandteil von Kaizen. Die 5S eignen sich ebenfalls gut als Pilotprojekt und vorsichtige Einführung von Lean Management, weil sie sehr klar nachvollziehbar sind. Die Vorteile eines ordentlichen Archivs sind jedem klar, ebenso, dass die Kaffeeküche aufgeräumt ist und jeder weiß, wo der Zucker steht.

Als Führungskraft wird es aber wichtig sein, dass auch Du diese Methoden verinnerlichst und lebst. 5S sollte als grundlegendes Prinzip für eine gesamte Organisation ausgerollt werden, lediglich die spezifischen Anwendungen sind dann unterschiedlich. Da es so leicht zu verstehen ist, bietet sich auch an, dass Du von Management-Seite nur das Prinzip einführst, es aber den einzelnen Abteilungen überlässt, wie sie das konkret einführen.

Mit 5S wirst Du die Schludrigkeit und Nachlässigkeit besser in den Griff bekommen, die sich bei jeder noch so kleinen Firma mit der Zeit einstellt.

Beispiele sind:

- Verschwendung von Kugelschreibern: Wenn man seinen Kuli nicht findet, wird einfach ein neuer aus dem Lager geholt.

- Unbeschriftete Aktenordner: Keiner weiß, was da abgeheftet wurde, aber wenn es der Vertrag von 2014 ist, dann wird man viel Zeit darauf verschwenden ihn zu suchen.

- Umzugskartons: Die Firma ist vor vier Jahren umgezogen und trotzdem gibt es noch Kartons, die nicht ausgepackt wurden. Entweder wird der Inhalt nicht mehr gebraucht, dann kann er weg und es wird Platz geschaffen, oder er wird an den richtigen Ort gebracht.

- Büromaterialien: Firmen verschwenden Unsummen, weil Büromaterialien wie Büroklammern, Marker, Tesafilm und ähnliches unkontrolliert entnommen werden. Ein klar geordnetes Lager hilft einiges Geld zu sparen.

- Mobiltelefonrechnungen: Wenn Deine Firma Festnetzanschlüsse hat, dann ist es teuer, wenn man jemanden über ein Mobiltelefon anruft, nur weil man gerade nicht direkt am Schreibtisch steht. Eine klare Regel kann auch hier Kosten sparen.

- Stromrechnungen: Die Kaffeemaschine den ganzen Tag heizen zu lassen ist ebenso verschwenderisch wie das Licht im Konferenzraum nicht auszuschalten, Rechner nicht herunterzufahren, wenn man den Schreibtisch für längere Zeit verlässt, oder ein Fenster im Winter nicht zu schließen.

Das mag alles banal klingen, aber so schaffst Du schneller ein Bewusstsein, was Lean und der Kampf gegen Verschwendung bedeutet, anstatt gleich mit einem Beraterstab anzurücken und ein viertägiges Seminar über das Toyota Produktionssystem zu halten.

4.6 5 Why

Die Methode der fünf Why oder Warum's ist ein Teil des Lean Managements, und hat ebenfalls Wurzeln in der Produktion. Es geht hierbei darum, einem Problem wirklich auf den Grund zu gehen. Dabei wird mindestens 5 Mal nachgefragt, was geschehen ist.

Beispiel: Absturz des Programms bei älteren Android-Versionen

Warum?
Weil wir nicht alle Versionen getestet haben.

Warum?
Weil es nicht in der Aufgabenbeschreibung stand.

Warum?
Weil das Budget es uns nicht erlaubt, alte Versionen zu testen.

Warum?
Weil wir es nicht in die Projektbeschreibung aufgenommen haben.

Warum?

Weil der zeitliche Projektrahmen nicht ausreichend gewesen wäre.

Es geht hier also nicht um einen einfachen Bug, den man behebt, sondern einen systematischen Fehler. In so einem Fall würdest Du versuchen herauszufinden, was noch aus Budgetgründen nicht gemacht werden konnte, aber kritisch für die Software sein könnte.

In einer Umgebung in der ständig verbessert werden soll, ist das nur möglich, wenn man die wahren Probleme kennt und Verbesserungen dort vornimmt, wo sie den größten Effekt haben. Die 5W-Methode kann auch helfen, solche Bereiche ausfindig zu machen. Entwickelt wurde 5W ebenfalls von Sackicho Toyoda für die Toyota Produktion. Das gab den neuen Ideen auch einen etwas wissenschaftlicheren Anspruch, weil man tiefer forschen musste, um Ursachen herauszufinden.

Es hat sich übrigens herausgestellt, dass man solche Analysen am besten in der Gruppe und mit einer Tafel durchführt, statt jeder für sich selbst am Computer. Du wirst auch merken, dass die Frageketten verschiedene Richtungen einschlagen können, weil es zum Beispiel zwei Antworten auf eine Frage gibt. In diesem Fall kannst Du dann beide Pfade verfolgen. Denke aber immer daran, dass es darum geht, die Ursachen zu finden und nicht Symptome zu beschreiben. Arbeite Dich Stück für Stück an das Problem heran. Versuche nicht, gleich zur Hauptursache zu kommen. Ein weiterer Ratschlag ist, immer Prozesse im Fokus zu haben, nicht die Menschen. Wenn ein Mitarbeiter einen Fehler gemacht hat ist das bedauerlich, er wird das aber selbst merken. Die Frage ist vielmehr, kann im Prozess etwas verbessert werden, um solche menschlichen Fehler zu minimieren. In einer idealen Form des Lean Managements wirst Du den 5W Prozess noch aus dem Blickwinkel des Kunden durchlaufen, vor allem was die Warum-Fragen angeht.

4.6 Andere Methoden

Es gibt unzählige Methoden und Wege, die als Werkzeuge im Lean Management und der Lean Produktion eingesetzt werden. Ein Paradebeispiel ist **McDonalds**, das die Grundprinzipien von Lean extrem verinnerlicht hat und sogar seine eigenen Methoden, das **Speedy System**, erfunden hat.

Die Gründer von McDonalds hatten schnell eines der größten Probleme bei Burger-Restaurants erkannt: die Wartezeit. Ein großer Teil der Wartezeit für den Kunden und die Zeit, die die Produktion braucht, wurde durch den Prozess verursacht: Eine Person machte alles allein. Das wurde verändert: Im Speedy System gibt es eine Art Fließband, entlang dessen der Burger zusammengefügt wird. Das mag bei einer Bestellung nach einem Überfluss an Personal aussehen, stellte sich aber bei den vielen Bestellungen, die die Filialen hatten, als wesentlicher Vorteil gegenüber den Mitbewerbern heraus.

Die Manager bei der Fastfood-Kette hörten aber nicht auf, sich zu verbessern. So stellte sich heraus, dass die Kunden keine warmgehaltenen Hamburger möchten, auch wenn diese nur eine bestimmte Zeit unter der Wärmelampe waren. Der Vorteil der Vorproduktion war, dass man immer eine bestimmte Menge an den meistverkauften Produkten bereit hatte und die Wartezeit reduzierte. Allerdings mussten auch viele Burger weggeworfen werden, weil sie zu lange warmgehalten wurden. Das hatte Auswirkungen auf den Produktionsprozess: Jetzt wird bei McDonalds Just in Time produziert, indem man die Zutaten bereits so fertig hat, dass letztlich nur noch das Fleisch gegrillt werden muss und so der Burger immer noch schnell aufs Tablett kommt.

Die Wartezeiten wurden auch dadurch erheblich reduziert, dass man Technologie einführte: Sobald eine Bestellung an der Kasse abgeschlossen ist, erreicht sie die Küche, die dann die Bestellung in weniger als drei Minuten abfertigen kann.[16]

---

[16] Mrunal (2014): Lean Production at McDonalds. URL: http://cmuscm.blogspot.com/2014/09/lean-production-at-mcdonalds.html [Stand: 28-10-2018]

5. Wann und wo kann Lean eingesetzt werden?

Die Ursprünge der schlanken Produktion liegen bei großen Unternehmen wie Toyota und General Electric. Dort waren die Einsparpotenziale groß, viele Strukturen verkrustet und interne Innovation nicht wirklich gefördert. Gerade weil kleine Einsparungen bei einem großen Volumen auch große Effekte haben, wurde Lean zunächst in der Produktion eingesetzt. Kleine und mittlere Unternehmen waren lange Zeit der Meinung, dass man an sich schon schlank sei.

Seitdem aber Lean auch auf das Management und Dienstleistungen übertragen werden kann, sind auch die KMU aufgewacht. Ohnehin sind diese Firmen heute in weiten Bereichen die Motoren der Innovation. "Große europäische Unternehmen haben natürlich einen Vorteil, wenn es um Arbeitsproduktivität geht (59.000 Euro im Vergleich zu 39.000 Euro bei KMU pro Mitarbeiter). Aber die Produktivitätslücke schließt sich immer mehr, weil eben auch kleinere Unternehmen anfangen, die Produktion kosteneffektiver zu gestalten. KMU sind heute die treibende Kraft der modernen Wirtschaft, weil sie neue Technologien nutzen, Produkte neu entwickeln und neue Prozesse erfinden", schreibt Tamara Tsõgankova in ihrer Masterarbeit über Lean Management in KMU in Estland.[17]

---

[17] Tsõgankova, T. (2014): Lean Implementation in Estonian SMEs based on the example of the company Narva Tes Plus

Eine Ursache ist die neue Berechnungsformel für Profite. Lange Zeit galt die Definition:

Profit = Preis - Kosten

Heute hat sich das verändert. Die neue Formel lautet:

Profit = (Preis - Kosten) x Volumen

Der Unterschied ist, dass man lange Zeit versuchte die Kosten zu reduzieren, um den Profit zu erhöhen, heute aber verstanden hat, dass eine Erhöhung des Volumens einen größeren Effekt haben kann.

Wenn ein Unternehmen eine Krise hat, dann werden oftmals als erstes Mitarbeiter entlassen. Das entlastet zwar kurzfristig die Bilanzen, bringt aber keine neuen Einnahmen. Sinnvoller ist es deshalb zu prüfen, wie Du mit den bestehenden Mitarbeitern mehr Umsätze machen kannst. Für ein komplett überschuldetes Unternehmen kommt Lean meistens zu spät, weil es einige Zeit braucht, damit es seine Wirkung entfalten kann. Gibt es aber bereits frühe Anzeichen einer heraufkommenden Krise, dann kann zum Beispiel mit Lean das Steuer noch herumgerissen werden.

Lean ist dann für KMU sinnvoll, wenn...

- ... die Produktivitätszahlen sinken

- ... eine Organisation sich über einen langen Zeitraum nicht verändert hat

- … eine Firma resilienter werden will

- … es neuer Formen der Mitarbeitermotivation bedarf, weil diese sonst abwandern

- … Kostenersparnisse nicht den gewünschten Effekt bringen

Lean Management kann in KMU Folgendes erreichen:

- Steigerung der Produktivität

- Kürzere Durchlaufzeiten

- Material und Lagerbestände verringern

- Produktionskosten senken

- Mitarbeiter motivieren

- Fluktuationszahlen senken

- Kompetenzen und Fähigkeiten der Mitarbeiter verbessern

- Wissensmanagement etablieren und fördern

- Flexibilität steigern

- Mitarbeiterbindungen festigen

- Kundenzufriedenheit steigern

- Zusammenarbeit mit Partnern verbessern

- Stellung am Finanzmarkt verbessern

- Vertrauen bei anderen Marktteilnehmern schaffen/verbessern

Die oben genannten Punkte sollten eigentlich keine Zweifel daran aufkommen lassen, dass Lean auch für kleinere und mittlere Unternehmen angewendet werden kann.

KMU haben aber auch ein gewisses Risikopotenzial, wenn es um die Implementierung von Lean Management geht. Ein Problem stellen fehlenden Ressourcen dar, vor allem personeller Art. In kleinen Unternehmen ist es sehr schwierig überhaupt ein Projektteam zusammenzustellen, dass einen erheblichen Zeitaufwand für ein Lean-Projekt aufbringen kann. Außerdem fehlt es schlicht an Wissen: Viele KMU müssen externe Berater einkaufen, die erst einmal erklären, was sich hinter Lean Management verbirgt. Solche Kosten sind langfristige Investitionen, die oft mit dem eher kurzfristigen Tagesgeschäft nicht vereinbar scheinen.

Ein anderes Problem ist, dass viele Mitarbeiter dem traditionellen Managementmodell folgend sehr spezialisiert sind. Sie haben sehr eng gefasste Aufgabenbereiche. Selbst im mittleren Management und teilweise auch ganz oben fehlt es an neuem Wissen über moderner Führung von Unternehmen. Familien- und inhabergeführte Unternehmen sind davon besonders betroffen. Das führt oft genug dazu, dass Entscheidungen intuitiv getroffen werden.

Auch strukturell haben KMU traditionell Schwächen, die meistens an der Spitze anfangen. Geschäftsführer und Inhaber neigen dazu, die lenkende und strategische Arbeit zu vernachlässigen und sich stattdessen mit Organisation und Problemlösung zu beschäftigen, was aber eigentlich Aufgabe der mittleren Führungsebene ist. Deren Arbeit wird dadurch ins operative Tagesgeschäft verschoben, in dem es aber nicht die notwendigen Kompetenzen hat. Das führt dann auf der sogenannten Shopfloorebene zu Reibungsverlusten, die große Effekte haben können. Unzufriedene Mitarbeiter werden schneller und häufiger krank, sind eher auf der Suche nach einem neuen Job und performen allgemein schlechter.

BEISPIEL:

In einer PR-Agentur nahe Frankfurt kamen viele Aufträge durch die guten Kontakte des Inhabers zustande. Das führte dazu, dass er auch nach Vertragsabschluss den Kunden zumindest teilweise betreute. Der Key Account Mitarbeiter, der eigentlich die Kampagne leiten sollte, wurde dadurch zunehmend in den Maßnahmenbereich getrieben und musste dann Events organisieren, was er eigentlich nicht konnte. Die Mitarbeiter bei den Events waren verwirrt, es gab keinen ausformulierten Plan und eine Pressekonferenz scheiterte, weil der Mitarbeiter den falschen Presseverteiler benutzt hatte. Genauso schlimm war aber, dass der Inhaber keine strategische Arbeit mehr machte, sondern sich fast ausschließlich der Akquise widmete. Das führte am Ende dazu, dass die Firma vor allem einen technologischen Nachteil hatte – der Inhaber hatte schlichtweg die Möglichkeiten des aufkommenden Internets falsch eingeschätzt und als Spielerei abgetan.

W.J. Gartner beschreibt das Problem in seinem Managementbuch[18] wie folgt: "Nachteilig ist die Eigentümer-Unternehmer-Einheit, wenn der Unternehmer einen autoritären Führungsstil annimmt. Die Trennung von entscheidender und umsetzender Person führt zu einem distanzierten Verhältnis der Mitarbeiter gegenüber der Führungskraft. Die Mitarbeiter werden demotiviert und lehnen es ab, eigeninitiativ zu agieren und sich bei Problemen einzubringen."

---

[18] Gartner, W. J. (2002): Management - Einführung in Management, Kommunikation und Personalwirtschaft, Oldenbourg Wissenschaftsverlag GmbH, S. 260 ff.

6. Anforderungen an das Management

Neben der grundsätzlichen Bereitschaft, ein Unternehmen auch verändern zu wollen, gibt es noch einige weitere Anforderungen an das Management und die Organisation, damit Lean auch wirklich erfolgreich eingeführt werden kann.

6.1 Kosten

Eine der Unsicherheiten, die mit Lean kommen, ist die Abschätzung der Kosten. Lean ist wie viele andere Projekte, bei denen es um Umstrukturierungen geht, nicht so einfach zu beziffern wie die Einführung einer neuen Produktionslinie oder der Kauf einer neuen Buchhaltungssoftware. Das ist oft auch ein Grund, warum ein Management zögert, vor allem wenn auch Shareholder nachfragen, was denn der ROI bei der Einführung von Lean ist. Diese kann man aber zumindest theoretisch beziffern, wenn man nämlich Kennzahlen einführt, die erreicht werden sollen.

> **BEISPIEL:**
> Wenn Du Lean einführen willst, weil Du den Außendienst verbessern möchtest, dann kannst Du diese gewünschte Verbesserung natürlich in Zahlen ausdrü-

cken, zum Beispiel 5 Prozent mehr Verkäufe, 10 Prozent Einsparung bei Transportkosten, 15 Prozent mehr Neukunden.

6.2 Akzeptanz bei Mitarbeitern

Martin Busse beschreibt die Probleme und auch Vorteile, die KMU bei den Mitarbeitern haben, wenn es um Veränderungen geht, so: "KMU weisen auf Grund der engen Verknüpfung und dem familiär freundschaftlichen Verhältnis der Mitarbeiter untereinander einen erhöhten Bedarf an Transparenz und einer zielorientierten Implementierung auf. Die negative Einstellung von Mitarbeitern, resultierend aus mangelhaften Informationen oder durch fehlgeschlagene Implementierungsversuche, erhöhen die Kosten der Implementierung und verschlechtern die Ausgangssituation. Anhand umfassender Informationen und individueller Kommunikation werden die Mitarbeiter informiert und zur kooperativen Mitarbeit motiviert. Bestehende Verhaltensmuster sind sukzessive an veränderte Gegebenheiten und das neue Managementsystem anzupassen, während das alte Managementsystem schrittweise ersetzt wird."

Die besondere Struktur bei KMU, vor allem auch die Nähe zu den Mitarbeitern, kann im Change Management ein großer Vorteil sein. Denn gerade wenn vorher schon Transparenz vorgelebt wurde, lassen sich Mitarbeiter besser motivieren, wenn es im Unternehmen ein Wir-Gefühl gibt und man

bereits vorher gemeinsam durch dick und dünn gegangen
ist.

BEISPIEL:

In einer Studie, die sich mit den Erfolgsfaktoren beschäftigte, die bei einer Einführung von Lean eine Rolle spielen, hatten sich Kimberly Deranek und Dr. Shweta Chopra eine Firma ausgesucht, die Lean bereits etabliert hatte. Es handelte sich um ein Unternehmen im Mittleren Westen, das sich auf die Produktion von Spezialprodukten konzentriert hat, die viel Ingenieurwissen brauchten. Die Firma hatte 200 Produkte, aber nur weniger als 10 Vollzeit-Mitarbeiter. Die beiden Forscher begleiteten das Unternehmen ein Jahr lang und fanden unter anderem heraus, dass die Rolle des Managements in dem Prozess von größter Bedeutung ist. "Ein großer Erfolgsfaktor in der Firma sind die Führungskräfte und das Management. Beide zeigten großes Engagement in Richtung Mitarbeiter, in dem sie sichtbar und verfügbar waren." Mehrere Studien haben gezeigt, dass Manager, die sich regelmäßig an Produktionsstätten aufhalten und mit den Mitarbeitern über Lean und andere Prozesse sprechen, diese wesentlich mehr dazu motivieren, diese auch umzusetzen. Durch die Art und Weise wie sich das Management präsentierte wurden Teamarbeit, Anpassungsfähigkeit und Prozessoptimierung entscheidend verbessert. Es wurde Raum für Innovation gegeben und Mitarbeiter wurden gefördert und weitergebildet, vor allem auch über ihren eigentlichen Spezialbereich hinaus. Alle Mitarbeiter hatten Kenntnisse von zumindest drei Bereichen innerhalb der Firma, zwei wurden sogar in allen Bereichen ausgebildet. Das hatte unter anderem zur Folge, dass jeder Mitarbeiter wusste, was die Kollegen zu leisten im Stande sind und wie und wo sie eingesetzt werden können, wenn es zum Beispiel einmal einen Engpass gab. Was besonders herausstach, war die große Anteilnahme, was im Englischen oftmals als Ownership betitelt wird. Die Mitarbeiter sahen sich als Teil des Unternehmens, ihre Arbeit war IHRE Arbeit und sie fühlten sich dafür auch verantwortlich.[19]

Möglich wurde das auch, weil das Management die Mitarbeiter entsprechend behandelte: Mit Respekt und Freundlichkeit, wie man sich zum Beispiel auch gegenüber Familienmitgliedern und guten Freunden verhält. Vertrauen war ein weiterer Faktor, der unter Beweis gestellt werden konnte, als man die Fabrik etwas verändern wollte. Die Baupläne wurden gemeinsam erarbeitet, alle Mitarbeiter konnten Ideen einbringen, was verbessert werden kann, und wussten gleichzeitig, dass diese auch tatsächlich angenommen werden würden. Das ging so weit, dass sich die Führung auf die strategischen Aspekte konzentrieren konnte und die Mitarbeiter die Aus- und Durchführung in die eigene Hand nahmen.

---

[19] Deranek, K.; Chopra, S.; Mosher, G. A. (2017): Lean Adoption in Small and Medium Enterprise Validation

6.3 Klarer Nutzen

Wenn Du in einem mittleren Unternehmen arbeitest, wirst Du bereits erfahren haben, dass der Kostendruck hoch ist, oft auch der Wettbewerb und immer die Bedrohung im Raum steht, von einem großen Unternehmen geschluckt oder vom Markt verdrängt zu werden. Deswegen haben KMU auch meistens wenig Spielraum für Experimente. Umso wichtiger ist es, dass Lean Management sofort einen Nutzen bringt. Kleinere Firmen können sich keine langwierigen Einführungsphasen leisten, oftmals sind nicht einmal die Kapazitäten vorhanden, um ein Pilotprojekt in nur einer Abteilung zu starten. Sollte es also Überlegungen geben, Lean Management einzuführen, dann solltest Du auf jeden Fall ganz klar den erwarteten Nutzen herausstellen.

In China tun sich viele KMU noch schwer damit, neue Methoden anzuwenden. Auf der anderen Seite ist die Nachfrage nach Massenproduktion groß, aber die Firmen haben die technischen Möglichkeiten nicht. Die Staufen AG berät Unternehmen international zu Lean Management und berichtet von so genannte flexible Montagezellen, die einfach implementiert werden können und sofort Effekte haben: "Erfahrungen z.B. mit einer Filter produzierenden Firma in Shanghai zeigen, dass das Konzept der flexiblen Montagezelle die Produktion verbessern kann. Es wurde eine Doppel-U-Zelle eingeführt, die auf der Basis von ergonomischen Konzepten so ausgelegt wurde, dass das gesamte Produktionslayout optimiert wird. Dadurch konnte die Austaktung der

Linie von 51% auf 87% erhöht, die Nutzfläche von 240 m2 auf 64 m2 reduziert und die Produktivität um 100% gesteigert werden."[20]

BEISPIEL DRUCKEREI:

In einer Druckerei, die sich auf die Herstellung von Aufklebern spezialisiert hatte, wollte man Lean einführen, um die Produktivität und damit auch die Effizienz zu steigern. Ein Grund war, dass man nicht so viele Aufkleber produzierte, wie die Maschinen eigentlich könnten, was wiederum den Zeitfaktor beeinflusste und damit auch den Preis. Das Management machte sich auf in die Druckerei und führte Gespräche mit den Druckern und den Abteilungsleitern. Jeder, der mit dem Drucken zu tun hatte, wurde befragt. Es zeigte sich bald, dass sehr viel Zeit für den Druckvorgang aufgebracht wurde, 115 Minuten pro Auftrag. Der Prozess besteht aus testdrucken, drucken, ausstanzen, zuschneiden, trocknen und verpacken. Bald fand man aber heraus, dass diese Prozesse eigentlich reibungslos liefen. In Gruppengesprächen kam heraus, dass die Verzögerungen vor allem durch die Einrichtung der Maschinen kommen. Man schaute sich diesen Prozess

---

[20] Staufen AG (2014): Ein guter Weg um Lean Production in kleinen und mittelgroßen chinesischen Unternmehmen (SMEs) zu starten: Das Komzept der flexiblen Montagezelle. URL: https://www.staufen.ag/de/unternehmen/news-events/news/newsdetail/2014/08/ein-guter-weg-um-lean-production-in-kleinen-und-mittelgrossen-chinesischen-unternehmen-smes-zu-star/ [Stand: 12-12-2018]

genauer an und es stellte sich heraus, dass je besser die Maschinen am Anfang eingerichtet waren umso weniger Zeit und Material brauchte man für die Probedrucke und umso schneller konnte der eigentliche Druckvorgang beginnen. Man optimierte diesen Prozess, unter anderem das Einfüllen der Druckfarben und die Druckplatten. Das Ergebnis war, dass man sich in einer 8-Stunden-Schicht um 600 Druckstunden auf 5142 Druckstunden verbessern konnte. Das war eine Verbesserung um 20 Prozent. Die Zeit für die Einrichtung der Druckmaschine konnte von 51 auf 35 Minuten verringert werden.[21]

---

[21] Rishi et al. (2018): Implementing the Lean Framework in a Small & Medium & Enterprise (SME) – A case Study in Printing Press, IOP Publishing, IOC Conf. Ser., volume 376, conference 1

7. Lean Leadership

Der Begriff der Lean Leadership ist eng verbunden mit der Philosophie des Lean Management. Es geht hierbei aber weniger darum, das Management oder die Führung zu verschlanken. Vielmehr stand hier die Methode Pate, mit der Toyota seine Führungskräfte aus- und weiterbildete. In dem japanischen Unternehmen begann man recht früh, die Mitarbeiter und vor allem auch den Menschen in den Vordergrund zu stellen – etwas, was unseren Stereotypen von japanischen Büros eigentlich widerspricht. Man hatte erkannt, dass es wesentlich effektiver und erfolgreicher ist, wenn man die Mitarbeiter befähigt als wenn man sie belehrt. Bisherige Führung war – und ist auch noch in vielen Unternehmen – immer an Weisungen gebunden, die von oben nach unten durchgegeben wurden. Geschahen Fehler, wurden die Mitarbeiter dafür verantwortlich gemacht (und fühlten sich auch zu einem großen Teil verantwortlich). Das löste aber das Problem nicht, warum der Fehler passiert war.

Man begann bei Toyota systematisch die Mitarbeiter über das Lean Leadership Development Programm weiterzubilden, vor allem was die Führungsqualitäten betraf. Letztlich geht es darum, die Kompetenzen zu erweitern. Wenn die Führungskräfte kompetenter werden, so die Theorie, dann hilft das auch der gesamten Organisation, weil sich in ihr mehr Kompetenz und Wissen anhäuft. Das hatte auch zur

Folge, dass man die Organisation im Blick haben musste und nicht nur seinen eigenen Bereich. Führungskräfte wurden dahingehend geschult, Probleme zu lösen, die dem gesamten Unternehmen nutzten und nicht nur Teilerfolge zu suchen. Dieser systemische Ansatz ist auch heute in immer mehr Firmen zu finden.

Im Mittelpunkt des Führungskräftemodells standen mehrere Schritte, die zukünftige Manager durchlaufen mussten:

1. Schritt: Lernen, sich selbst zu reflektieren.

Nur wenn man weiß, wer man ist, und in der Lage ist, sein Verhalten auch kritisch zu überprüfen, wird man in der Lage sein, seine eigene Performance und die seiner Mitarbeiter zu verbessern.

2. Schritt: Coaching

Wenn der Prozess der inneren Reflektion abgeschlossen ist, dann können Führungskräfte beginnen, auch andere Manager und Mitarbeiter so zu führen, dass diese sich auch selbst bewerten können. Beim Coaching geht es auch darum, dass es das Ziel ist, der Organisation bessere und kompetentere Mitarbeiter zur Verfügung zu stellen.

3. Schritt: Gruppen entwickeln

Während Du Dich im zweiten Schritt nur einzelnen Mitarbeitern widmest, wirst Du im dritten Schritt Gruppen und Teams und sogar ganze Abteilungen

entwickeln. Hier geht es vor allem um Teamkompeten-
zen, wie man zusammenarbeitet, welche Optimierungen es in der Zusammenarbeit gibt, aber auch wie die
Kaizen-Philosophie umgesetzt werden kann.

4. Schritt: Entwicklung zum Lean Leader

In der Entwicklung der Führungskraft zum Lean Leader
steht am Ende ein Manager, der sich den Visionen und
den Strategien des Unternehmens widmen kann. Du
hast Deine Mitarbeiter soweit entwickelt, dass sie effizient und eigenverantwortlich arbeiten können, Verschwendung sehen und Maßnahmen ergreifen, um
diese nachhaltig zu beheben. Nun kannst Du Dich der
Organisation widmen, den Strukturen Deines Unternehmens und nach Flaschenhälsen und Silos schauen.
In diesem letzten Schritt wird die Kompetenz der Organisation an sich verbessert, zum Beispiel mit Neuor-
ganisationen, Hierarchieverflachung, neuen Produktionsmethoden und ähnlichen Maßnahmen.

Der amerikanische Lean-Berater Lonnie Wilson[22] hat bereits
2013 recht gut analysiert, worin die Probleme im amerikani-
schen Managementsystem liegen. Neben der Zahlengläu-
bigkeit sah er als Ursache dafür, dass japanische Unternehmen besser gemanagt werden, den Glauben, dass man aus
einem Büro heraus managen und führen kann, ohne dass

---

[22] Wilson, L. (2013): Six Qualities of Lean Leadership. URL:
https://www.industryweek.com/continuous-improvement/six-
qualities-lean-leadership [Stand: 01-12-2018]

man mit den Mitarbeitern vor Ort in Kontakt treten muss. "Als Konsequenz wurden die Maschinen zu reinem Kapital, das keine Aufmerksamkeit des Managements braucht. Schlimmer noch war aber der Glauben, dass die Mitarbeiter letztlich nur Kostenstellen, nicht einmal Kapital waren, die beliebig ausgetauscht werden konnten." Und weil es nur Kosten waren, versuchte man diese zu reduzieren. Wilson sieht diese Behandlung der Mitarbeiter als den schlimmsten Fehler des klassischen Managements an.

Er formulierte die **sechs Qualitäten**, die ein Lean Leader haben sollte:

- Leader sollten beobachten können und Zeit mit den Mitarbeitern verbringen.

- Leader sollen lernen können und nicht so tun, als ob sie alles wissen.

- Leader sollen Initiatoren sein und das Risiko nicht scheuen.

- Leader sollen Lehrer sein, und wenn etwas im Unternehmen schiefgeht, sollen sie sich überlegen, welchen Fehler sie als Lehrer gemacht haben.

- Leader sind Vorbilder: Sie machen selbst, was sie von anderen verlangen.

- Leader unterstützen und verstehen ihre Rolle als jemand, der andere befähigt besseres zu leisten.

8. Lean Start-up

In einem Beitrag für das Harvard Business Review hat Steve Blank[23] die These formuliert, dass Lean Management das Wundermittel ist, warum Start-ups schneller und flexibler sind als Unternehmen, die mit der Zeit gewachsen sind und zum Teil den Markt beherrschen. "Business-Pläne überleben selten den ersten Kontakt mit einem Kunden. Oder wie es der Boxer Mike Tyson einst formuliert hat, wenn er zu seiner Strategie befragt wurde: Jeder hat solange einen Plan bis der erste Treffer des Gegners auf der Nase landet". Die Art und Weise wie Start-ups heute geführt werden kann aber auch für bestehende Firmen als Vorbild dienen.

8.1 Business Model Canvas

Die jungen Gründer von Unternehmen beschäftigen sich heute weniger damit, wochenlang Pläne zu machen und den Markt bis ins letzte Detail zu erforschen. Ihr Ansatz ist eine ungefähre Vorstellung dessen, was sie machen wollen, eine Hypothese, die dann in einem Business Model Canvas ausformuliert wird.

---

[23] Blank, S. (2013): Why the Lean Start-Up Changes Everything. URL: https://hbr.org/2013/05/why-the-lean-start-up-changes-everything [Stand: 13-11-2018]

Es besteht aus folgenden Elementen:

Problem:	Lösungsansatz:		
Konkurrenz:	Wichtigste Partner:	Wichtigste Aktivitäten:	Kundenbeziehungen:
Wichtigste Ressourcen:	Value Proposition:	Kanäle:	Kundensegmentierung:
Kostenstrukturen:		Revenue:	

Ist diese Tabelle ausgefüllt, hast Du auf einen Blick, was sonst ein 50-seitiger Businessplan ist. Die Tabelle beschreibt alle wichtigen Aspekte Deines Unternehmens.

8.2 Kundenorientierung

In einem modernen Start-up werden nicht Dienstleistungen entwickelt, bis sie den Vorstellungen der Gründer entsprechen. Vielmehr werden nur Teile davon entwickelt und dann sofort den Kunden zum Test angeboten. Teil des Lean Managements ist, Zeit dadurch zu sparen, dass man so schnell wie möglich das Kundenfeedback einholt und schon zu einem frühen Zeitpunkt Änderungen vornehmen kann.

Du musst zu diesem Zeitpunkt noch nicht einmal wirkliche Kunden haben. Es reicht völlig potenzielle Kunden zu befragen, ihnen Deine Produktidee oder Deine Dienstleistung zu erklären und sie zu fragen, was ihre Wünsche und Bedürfnisse sind.

> **BEISPIEL:**
>
> Ein Entwickler einer Hotelbuchungswebseite, der sich auf Hotels in seinem Heimatland spezialisierte, ahnte, dass er es nicht mit den großen weltweiten Buchungsseiten aufnehmen kann. Also ging er in Hotels, setzte sich an den Pool und befragte Hotelgäste danach, wie sie ihren Urlaub planen. Es kam heraus, dass viele mit großer Familie oder in kleinen Gruppe reisen und es schwierig ist, Hotels zu finden, die Familienzimmer anbieten. Fortan spezialisierte er sich auf Hotels, die genau solche Mehrbettzimmer anbieten.

8.3 MVP

In dieser Phase haben Start-ups auch das so genannte Minimal Viable Produkt, also ein Produkt, dass lediglich den Mindestanforderungen genügt und so gerade funktioniert. Viele der großen sozialen Netzwerke haben so angefangen, und auch Google war am Anfang nur eine Eingabezeile, die dann Suchergebnisse produzierte. Gerade bei der Softwareentwicklung neigt man dazu, zu viele Features gleich am Anfang haben zu wollen, was die Entwicklungszeit erheblich verlängert, ohne dabei zu wissen, ob der Kunde das wirklich will. Wenn Du mit einem noch rudimentären Produkt anfängst, ist es einfacher, Kundenfeedback umzusetzen und Veränderungen vorzunehmen. Diese so genannten Iterationen beschleunigen den gesamten Entwicklungsprozess, sparen aber auch Kosten, weil man keine teure Marktforschung machen muss. Grundvoraussetzung ist aber, dass Du Deinen Kunden vertraust und auf sie hörst und ihre Bedürfnisse ernst nimmst. Es gibt ausreichend Beispiele von Gründern, die zu sehr in ihr Produkt verliebt waren und die Ratschläge und Wünsche der Kunden in den Wind geschlagen haben.

8.4 Agile Arbeitsumgebung

Der Begriff Agile kommt eigentlich aus der Softwareentwicklung und beschreibt ein Framework, in dem die Software in kleinen Schritten im Entwicklerteam kontinuierlich verbessert wird. Diese kleinen Schritte lassen einen ständigen Input durch den Kunden zu, der somit direkt an der Entwicklung beteiligt ist und nicht nur ein fertiges Produkt abnehmen muss. Der große Vorteil ist hier eine enorme Zeitersparnis. Selbst wenn noch nicht einmal klar ist, wie das fertige Produkt aussehen soll, kann man mit Agile bereits anfangen daran zu arbeiten. Aber Agile ist mehr als nur Softwareentwicklung, es kann auch die komplette Denk- und Arbeitsweise eines Unternehmens verändern. So werden Elemente aus Scrum, einer bekannten Agilen Methode im Management übernommen, wie die täglichen kurzen Daily Briefings und die Sprints, zweiwöchige Arbeitszyklen für bestimmte Produktteile.

Du musst keine Firma neu gründen, um die Vorteile der Start-ups zu nutzen, sondern kannst auch ein bestehendes Unternehmen so führen, als ob es ein Start-up wäre. Gerade bei kleineren Firmen ist das meist ohne große Problem möglich, und Du kannst die Start-up-Methode auch nur auf bestimmte Bereiche anwenden, vor allem auf die Produktentwicklung.

BEISPIEL:

In einer Firma, die Holzspielzeug produziert, will man mit neuen Ideen den Umsatz ankurbeln, weiß aber nicht so recht, wo man ansetzen soll. Ein Ansatz wäre, sich in ein Spielwarengeschäft mit Spielecke zu setzen und zu schauen, mit welchen Spielzeugen die Kinder wie umgehen. Bekommt man eine Idee, zum Beispiel ein Baukasten-Stecksystem, dann kann man daraus einen einfachen Prototypen schaffen, den man dann Kindern zum Testen geben kann. Kinder greifen anders als Erwachsene, deswegen kann es auch passieren, dass in der Firma eine Steckverbindung hält, ein Kind sie aber nach wenigen Minuten zerbrochen hat.

8.5 Design Thinking

Gerade wenn es um Prototypen geht, ist Design Thinking eine immer populär werdende Methode, um schnell viele Ideen zu bekommen. Man versteht unter Design Thinking zunächst eine Methode, um Probleme praktisch und kreativ zu lösen. Das bedeutet – anders als beim offenen Brainstorming – dass am Ende des Prozesses eine Lösung für ein Problem stehen muss. Dieses Problem kann ein tatsächlich existierendes Problem sein oder eines, von dem man glaubt, dass es in der Zukunft entstehen kann.

In dem Prozess des Design Thinkings wirst Du auch lernen, dass Annahmen nicht immer richtig sind. Ein Spiel verdeutlicht das recht gut, welches Du auch mal mit Deinem Managementteam oder anderen Mitarbeitern spielen kannst.

Die Teilnehmer müssen aus **trockenen Spaghetti-Nudeln, etwas Klebeband und Schnur und einem Marshmallow** den höchstmöglichen Turm bauen. Tom Wujec[24] hatte dieses Spiel erfunden, um zu zeigen, dass unsere Annahmen oftmals falsch sind, zum Beispiel dass ein Marshmallow sehr leicht ist und ein paar Spaghetti ihn locker halten können (er muss bei dem Spiel die Turmspitze bilden). Es führt vor Augen, dass man mit einem analytischen Ansatz nicht immer Probleme lösen kann und Teams oft nur einen Ansatz verfolgen. Ziel des Spiels ist es, dass man mit möglichst häufigem Ausprobieren den Turm baut, aber auch dass man im Team arbeitet und alle Vorschläge willkommen sind.

---

[24] Wujec, T. (2010): Build a tower, build a team. URL: https://www.ted.com/talks/tom_wujec_build_a_tower [Stand: 25-10-2018]

Beim Design Thinking gibt es **drei wesentliche Prozesse:**

Interdisziplinär

Der interdisziplinäre Prozess bedeutet, dass permanent während der verschiedenen Phasen ein Team divers sein muss. Drei Ingenieure allein werden genauso wenig erreichen wie drei Grafiker. Setzt man aber alle sechs zusammen und bringt noch ein paar andere Mitarbeiter hinzu, dann kann Neues entstehen.

Iterativ

Design Thinking ist ein nicht-lineares Modell. Es gibt keine Milestones wie in einem Projektmanagement, die nacheinander abgearbeitet werden. Stattdessen ist es ein iterativer Prozess, bei dem Du immer wieder Rückschritte machen wirst und musst.

Flexibel

In kreativen Prozessen sind Denkverbote das Schlimmste was passieren kann. Ein Chef, der ein Design Thinking Projekt mit den Worten "Seien Sie kreativ, aber bitte stellen Sie sicher, dass Sie nur unsere eigenen Produkte verwenden, dass das Produkt klein ist und dass wir es bald verschicken können" startet, hätte besser gar nichts gesagt. Denn ein Design-Projekt muss zwar zielorientiert, aber auch ergebnisoffen sein. Das bedeutet, dass Du am Anfang keine Ahnung hast, was am Ende tatsächlich herauskommt.

9. Erfolgsfaktoren und Probleme im Lean Management

Damit Lean in einem Unternehmen erfolgreich eingeführt werden kann, braucht es Kenntnis der verschiedenen Faktoren, die so ein Projekt wesentlich bestimmen. Busse teilt diese in zwei Gruppen auf:

- Allgemeine Erfolgsfaktoren

- Kritische Erfolgsfaktoren

Zu den **allgemeinen Faktoren** zählen vor allem die Beschaffenheit des Unternehmens sowie seine Kultur und Ausrichtung.

Im Einzelnen sind diese:

- Ganzheitlichkeit

- Selbstverständnis und Kenntnis der Notwendigkeit

- Stringente Zielorientierung

- Langfristige Ausrichtung

- Unternehmenskultur

- Betriebsrat und andere Mitarbeitervertretungen

Kletti und Schumacher bewerten die Ganzheitlichkeit als einen wesentlichen Faktor. "Die Ganzheitlichkeit wird gewährleistet, wenn die Prozesse in vollem Umfang bekannt und verstanden sind sowie gegenseitige Verknüpfungen und Schnittstellen bei Verbesserungsansätzen Beachtung finden. Die Verbesserung der einzelnen Prozessschritte entlang der Wertschöpfung unter Berücksichtigung der Schnittstellen ist die Basis für eine positive und ganzheitliche Entwicklung des Gesamtprozesses."[25]

Ein bisschen Lean ist genauso wenig möglich, wie ein bisschen schwanger: Du kannst es nur entweder oder haben. Deswegen ist die Ganzheitlichkeit erwähnt, denn Lean zieht sich durch alle Bereiche eines Unternehmens. Du kannst vielleicht für kurze Zeit ein einzelnes Projekt mit Lean Management angehen, aber sein wahres Potenzial entfaltet diese Methode nur wenn die gesamte Organisation eingebunden wird. Deswegen ist es auch unabdingbar, die Mitarbeitervertretung früh mit einzubeziehen: Diese kann dabei helfen, die Notwendigkeit der Veränderung zu erläutern und Ängste und Bedenken abzubauen. Langfristige Ausrichtung und eine stringente Zielorientierung sind ebenfalls Grundpfeiler des Lean Managements, die Du verinnerlichen musst. Lean kann kurzfristig bereits Effekte haben, wird aber vor allem langfristig seine Stärken ausspielen können.

---

[25] Kletti, J.; Schumacher, J. (2015): Die perfekte Produktion - Manufacturing Excellence durch Short Interval Technology (SIT), 2. Auflage, Springer Verlag, Berlin

Die **kritischen Erfolgsfaktoren** sind jene, die über Erfolg und Misserfolg bestimmen können. "Die Lean Implementierung hängt von weiteren erfolgskritischen Faktoren ab. Das außer Acht lassen der kritischen Erfolgsfaktoren führt zwangsläufig zur Verfehlung der gesetzten Ziele. Die Lean Philosophie definiert die Befähigung der Mitarbeiter zur Identifikation von Verschwendung als grundlegend und fordert eine aktive Mitarbeiterpartizipation. Ein Unternehmen, dessen Philosophie nicht der Lean Philosophie entspricht, wird keine nachhaltig schlanken Strukturen implementieren, sondern den Lean Ansatz lediglich parallel zu anderen Maßnahmen als kurz- bis mittelfristige Initiative verfolgen."[26]

Als kritische Faktoren bezeichnet Lean-Experte Martin Busse folgende:

- Ausrichtung auf die Lean Philosophie

- Sicherung und Unterstützung des Managements

- Respektvoller Umgang mit Mitarbeitern

- Fehler als Chance wahrnehmen

- Kundenorientierung extern und intern

- Grundlegendes Verständnis der Lean Methoden

- Standards als wiederkehrender Ausgangspunkt

---

[26] Busse, M. (2017): Implementing Lean Management – ein ganzheitliches Vorgehensmodell zur nachhaltigen Implementierung des Lean Managements in KMU, S. 135

- Verbesserung am Ort des Geschehens

Während die allgemeinen Faktoren recht einfach zu formulieren sind, sind die kritischen Faktoren solche, die den Kern des Lean Managements ausmachen. Selbst wenn die Lean Philosophie als neue Vision des Unternehmens formuliert wird, bringt sie Dir nichts, wenn nicht gleichzeitig auch ein neuer Umgang mit Fehlern und Verbesserungen eingeführt wird. Organisationen, die ihre Mitarbeiter mit Anweisungen dirigieren, werden größere Probleme haben als solche, die Mitarbeitern ein großes Maß an Verantwortung zugestehen.

9.1 Faktoren, die eine Lean Einführung erschweren können

Selbst wenn Du die kritischen und die allgemeinen Erfolgsfaktoren beachtet hast und Dein Lean Management Projekt gestartet ist, kann es immer passieren, dass es größere und kleinere Stolpersteine gibt, die Dir im Weg liegen.

Lean kann Mitarbeiter unglaublich motivieren, weil sie Verantwortung bekommen und Effekte auch recht schnell sehen. Aber wie bei allem Neuen kann es passieren, dass die Begeisterung irgendwann nachlässt und damit auch die Motivation. Wenn Du Lean richtig implementiert hast, vor allem was die Fehler- und Verbesserungskultur angeht, sollte es wenig **Ermüdungserscheinungen** geben. Aber dennoch gilt es auch hier, die Augen offenzuhalten: Verbesserungsmöglichkeiten gibt es nicht nur in den Prozessen, sondern eben auch im Management.

BEISPIEL:

Ein Autohändler hatte Lean in allen Werkstätten der Filialen eingeführt. Das Ergebnis war schnell sichtbar: Die Autos wurden schneller repariert, es gab weniger Materialverbrauch – unter anderem durch eine neue Methode, um das Motoröl nachzufüllen – und jede Reparatur wurde dank einer neuen IT-Lösung gut dokumentiert. Alles lief reibungslos, und dennoch begann die Performance langsam zu sinken. Reparaturzeiten wurden wieder etwas länger, obwohl die Prozesse die gleichen waren. Der Autohändler ging in die Werkstätten und beobachtete die Mitarbeiter: Sie machten ihre Arbeit, und das auch gut, aber er bemerkte fehlenden Enthusiasmus. Er befragte die Mechaniker, wie sie sich fühlen und was ihnen fehlt. Ihre Antwort war, dass das neue System hervorragend sei und sie gerne ihre Arbeit verändert haben, aber nun keine neuen Herausforderungen mehr kommen.

In einem kleinen Unternehmen besteht in der Tat die Gefahr, dass irgendwann die Verbesserungsmöglichkeiten ausgeschöpft sind und dann die Arbeit im Lean Management zur Routine wird. Dann hilft Dir nur, mit den Mitarbeitern zusammenzusitzen und sie zu befragen, welche Art von

Herausforderungen sie suchen und zu besprechen, wie das mit Lean zusammenpasst. Im Beispiel der Mechaniker wollten diese mehr Fortbildungen haben, vor allem was Elektronik und Technologie angeht. Diese brachten eine willkommene Abwechslung und motivierten sie wieder mehr.

Ein anderes Problem, das auftauchen kann, ist **fehlende Unterstützung der mittleren Führungsebene**. Selbst wenn bei den vorbereitenden Meetings alle sagen, sie seien an Bord und dass sie die Lean Philosophie verstanden haben, kann es sein, dass einige Mitarbeiter die Theorie nicht in die Praxis umsetzen wollen. Gründe dafür gibt es viele, einer der häufigsten ist, dass sie ihre Position bedroht sehen. Wenn Du diese Gefahr bereits im Hinterkopf hast, kann Du bereits bei der Planung versuchen, die mittlere Führungsebene noch enger einzubeziehen und Bedenken auszuräumen.

Das gleiche gilt übrigens auch für die anderen Ebenen: Zu oft ist die Einführung von Lean (und anderen neuen Methoden) nur ein **Lippenbekenntnis der Führung** und wird ganz oben nicht umgesetzt. Gerade in KMU meinen Inhaber bisweilen, dass Organisationsänderungen sie selbst nicht betreffen. Das ist natürlich falsch: Der Fisch stinkt vom Kopf, sagt ein altes Sprichwort. Wenn Du selbst nicht in der Lage bist, die Philosophie zu leben, wie sollen Deine Mitarbeiter es dann können?

Fehlende Unterstützung von oben ist deshalb auch eine Ursache, wenn die **untersten Ebenen in einem Unternehmen** – der so genannte Shopfloor – ein **Projekt bremsen**. Andere Gründe können darin liegen, dass noch immer Lean als eine Methode zur Personalreduzierung verstanden wird. Mitarbeiter denken, dass eine Verbesserung eventuell ihren Job wegrationalisiert und sind deshalb eher vorsichtig. Es kann auch vorkommen, dass die neuen Arbeitsweisen nicht ausreichend und deutlich von der Führung kommuniziert werden. Gerade hier wirst Du eine Menge Arbeit leisten müssen und die Mitarbeiter vor Ort von Beginn an einbinden. Eine Top-Down-Steuerung führt fast immer zu Widerständen: Mitarbeiter fühlen sich nicht zuständig oder verweigern die Teilnahme am Prozess, weil sie meistens nur Anweisungen ausführen müssen.

Die Geschwindigkeit mit der Lean eingeführt wird, kann ebenfalls ein bremsender Faktor sein. Kommen Veränderungen zu schnell, fühlen sich Mitarbeiter vielleicht überfordert. Dauert die Einführung hingegen zu lange, lässt die Begeisterung schneller nach, weil keine Effekte sichtbar sind und deshalb die Vorteile nicht nachvollzogen werden können. Es wird schwer sein für Dich, am Anfang die richtige Geschwindigkeit abzuschätzen. Es wird Dir nichts anderes übrigbleiben, als immer ein Ohr an den Mitarbeitern zu haben und gerade in der Anfangsphase ständig zu evaluieren, ob Du richtig liegst.

Piotr Jedynak hat einige Besonderheiten bei der Einführung von Lean in kleine und mittlere Unternehmen ausgemacht, und diese als unterstützende und hinderliche Faktoren bezeichnet.[27]

Vorteile	Nachteile
Schnellere Kommunikation	Nicht ausreichende finanzielle Mittel
Einheitliche Organisationsstruktur	Nicht genügend qualifizierte Mitarbeiter
Große Flexibilität	Abhängigkeit von persönlichen Bindungen
Einfaches Eingehen auf Kundenwünsche	Geringe Kenntnis von Entrepreneurship
Großer Einfluss auf Mitarbeiter	Fluktuationen bei Rohstoffen und Zuliefererpreisen
Schnelle Entscheidungen treffen können	Schlechtes Cashflow- und Zeitmanagement
Innovative Atmosphäre	Entscheidungen werden intuitiv gefällt, nicht auf Daten basierend

---

[27] Jedynak, P. (2015): Lean Management implementation – Determinant factors and experience. In: Journal of Management, vol. 1, no. 1, S. 51-64

Unterstützung bei Veränderungen	Festhalten an alten Prozessen und Strukturen

Andere Autoren[28] sehen als Hemmnisse bei der Implementierung folgende Punkte:

- Traditionelle Denk- und Arbeitsstrukturen

- Mangelhafte Kenntnisse und eingeschränktes Verständnis von Lean Management

- Mangelnde Unterstützung durch das Top-Management

- Schablonenhafte Konzeptgestaltung

- Zu hohe Geschwindigkeit bei der Einführung

- Starke Opposition im mittleren Management

- Mangelnde Teamfähigkeit

- Rollenprobleme der Führungskräfte

- Beschränktes Verständnis für Prozessdenken, Kundennähe und ein falsches Qualitätsverständnis

Hier schließt sich der Kreis: Die besten Methoden und Konzepte bringen Dich nicht weiter, wenn es nicht auch eine Veränderung im Bewusstsein der Mitarbeiter und des Managements gibt.

---

[28] von Eckardstein, D.; Kasper, H.; Mayrhofer, W. (1999): Management, Schäffer-Poeschel

9.2 Erfolg in Lean messen

Wenn Du Lean eingeführt hast, wirst Du wahrscheinlich recht schnell Veränderungen bemerken, weil Du mit großer Wahrscheinlichkeit auch Umstrukturierungen vorgenommen hast oder weil die Produktion bereits effizienter geworden ist. Aber prozentuale Verbesserungen sind nur ein Weg, den Erfolg von Lean zu messen. Heinz-Jürgen Klepzig ist Experte in Lean Management und hat einige der Erfolgsmessungen zusammengetragen[29], die sich bewährt haben.

Er sieht als Hauptmerkmale:

- C2C Messung (Cash to Cash Cycle)

- Cashflow Messung

- Rendite Messung

Als Toyota sein Produktionssystem einführte ging es vor allem um die Verbesserungen der C2C-Zeiten. Diese gibt die Zeit an, die zwischen dem Erwerb der Lagergüter und den Einnahmen durch Verkauf vergeht. Es gibt sogar eine Berechnungsformel dafür:

Cash to Cash Cycle Time =

Days Sales Outstanding + Inventory Days of Supply

- Days Payable Outstanding

---

[29] Klepzig, H.-J. (2018): Lean Management in der Praxis – Kritische Darstellung der Kernelemente und Erfolgsmessung

In der Produktion, aber auch im Groß- und Einzelhandel, sind das wichtige Kennzahlen für Dich, an denen Du sehen kannst, wie erfolgreich Lean ist. Auch in der Dienstleistungsbranche ist das übrigens möglich. Hier ersetzt Du die Inventory Days durch nicht erledigte Arbeit und ausstehende Kundenakquisitionen. Das ist zwar nicht genau das gleiche, aber damit kannst Du ebenfalls zumindest einen Trend ableiten, wie sich Deine Zahlen verbessern oder nicht.

Der Cashflow ist eines der größten Probleme, die kleine und mittlere Unternehmen heute haben. Lieferanten drängen auf schnelle Bezahlung und Kunden wollen Rechnungen am liebsten Monate später bezahlen. Viele Überbrückungskredite werden deshalb beantragt, weil der Cashflow zu gering ist. Du solltest deshalb ein Auge auf den Cashflow haben, der sich eigentlich nach der Lean-Einführung verbessern sollte. Aber Klepzig warnt auch davor, sich nur darauf zu konzentrieren: "Allerdings ist die Ursache-Wirkungsauswirkung von Lean-Maßnahmen auf Cashflow-Veränderungen nur begrenzt zu erfassen, da Ergebnisverbesserungen Lean-unabhängig auch etwa durch vertriebsbedingte Umsatzsteigerungen oder einkaufsbedingte Kostensenkungen erzielt werden können."

Gleiche Bedenken gibt es auch bei der Rendite-Messung. Auch hier kannst Du veränderte Zahlen feststellen, aber es wird nicht einfach, sie bestimmten Lean-Maßnahmen zuzuordnen: "Die monetäre Kosten-Verfolgung der Prozesse in einem Unternehmen erfolgt generell über unterschiedliche Ausprägungen der Kostenrechnung. Allerdings führt die Verwendung der in den meisten Unternehmen üblichen traditionellen Kostenbetrachtung zu großen Problemen bei der Erfassung der Lean-Ergebnisse. Wesentliche Ursache ist, dass die Leitlinien und Messgrößen bei den üblichen Ausprägungen der Kostenrechnung (Kostenstellenbetrachtung: Effizienz erhöhen durch Economies of Scale) nicht übereinstimmen mit den Charakteristika und Anforderungen eines schlanken Unternehmensbereichs oder Unternehmens (Prozessbetrachtung: den Prozessfluss verbessern durch Economies of Flow).[30]

---

[30] Klepzig, H.-J. (2018): Lean Management in der Praxis – Kritische Darstellung der Kernelemente und Erfolgsmessung, S. 42

Wertströme

Damit Kosten überhaupt genau erfasst werden, müssen die Werte auch dort notiert werden wo sie auftreten. Im Lean Management und der Lean Produktion werden dabei die sogenannten **Wertströme** gemessen. Das Lean Accounting, oder auch die Wertstrom-Rechnung, betrachtet Wertströme. Diese können beispielsweise mehrere Produkte mit ähnlichen Produktionsschritten umfassen. Der Wertstrom besteht dann aus den Kosten, die in jedem Schritt anfallen.

BEISPIEL:

Ein Möbelhersteller hat in seinem Katalog Polstermöbel, Tische, Betten und Schränke. Bei den Polstermöbeln handelt es sich um Sofas und Sessel. Diese beiden bilden eine Produktfamilie. Im Rahmen der Lean Produktion wurden Verbesserungen eingeführt, die unter anderem Just in Time Produktion beinhalten. Statt nun zum Beispiel die Kosten für alle Rohstoffe zu ermitteln, werden nur jede aufgeschrieben, die für die Produktion von Sesseln und Sofas anfallen, und das ganzheitlich. Das kann wie folgt aussehen:

- Rohstoffe (Holz, Textilien, Füllungen)

- Zulieferungskosten

- Zuschnitt Textilen und Zuschnitt Holz

- Nähen

- Rahmenfertigung

- Polsterung

- Vormontage

- Montage

- Auslieferung von Fabrik

- Lieferung zum Vertrieb

In allen Bereichen fallen Kosten für die Arbeit und die benötigten Maschinen und Materialien an. In diese Rechnung werden keine anteiligen Kosten aus dem Unternehmensbetrieb mit eingerechnet, denn Du willst ja wissen, ob der Wertstrom erfolgreich ist. Der Vorteil an dieser Art der Kostenrechnung ist, dass sie parallel zum Prozess läuft und damit auch auf der Lean-Linie ist. Du kannst jetzt diesen Kosten den Umsatz gegenüberstellen und sehen, wie profitabel der Prozess ist.

Es gibt aber auch noch andere Kennzahlen, die den Erfolg recht gut veranschaulichen können. In "Practical Lean Accounting" gibt es eine Tabelle, die verschiedenen Kennzahlen zusammengefasst.

Sie kann für eine Produktion ungefähr so aussehen:

Kennzahlen	Letzte Woche	Diese Woche	Ziel
Stück pro Mitarbeiter	36.17	51.2	50.0
Rechtzeitige Auslieferung	97%	98%	98%
Fabrik zu Lager Tage	13	19	15
Durchschnittliche Produktkosten	423 Euro	398 Euro	400 Euro
Forderungen pro Tag	35	33	34

Mit Tabellen wie dieser sieht Du den Verlauf der wichtigsten Lean Elemente, kannst sie aber natürlich noch an Deine Bedürfnisse anpassen. Meistens werden dort nicht nur die operativen Kosten und Aufwendungen, sondern auch die finanziellen und die Kapazitäten eingetragen.

In der Softwareentwicklung gibt es zum Beispiel kein Lager, aber Programmteile, die noch nicht vom Kunden abgenommen wurden oder aber Software, die entwickelt, aber nicht verkauft wurde. Im Krankenhausbereich werden so die Aufwendungen pro Patienten gemessen.

Ein weiteres Beispiel ist das Cost-Deployment. Hierbei wird eine Kostenanalyse eingeführt, die prozessorientiert die Verschwendung in den Leistungsprozessen eines Unternehmens lokalisiert, Prioritäten für Verbesserungsansätze herausfiltert und Maßnahmen zur Verbesserung identifiziert.

In Schritt 1 werden die **Totalkosten** pro betrachtetem Prozess erfasst.

In Schritt 2 wird eine **Verlustmatrix** erstellt, die die wesentlichen Verlustarten pro Prozess erfasst, die der Größe nach per Messung oder Schätzung ermittelt werden.

In Schritt 3 werden nach dem **Ursache-Wirkungsprinzip** die Ursachen ("Warum?") für die in Schritt 2 ermittelten Verluste ermittelt. Verursachende Verluste wie z.B. unzureichende Materialqualität können sich in schlechter Anlagen- und Arbeitsproduktivität sowie Extra-Ausgaben der Verlustmatrix äußern.[31]

In manchen Lean-Seminaren wird gelehrt, dass Messungen zur Verschwendung beitragen, weil sie den eigentlichen Prozess nicht unterstützen. Das mag zwar richtig sein, wenn

---

[31] Klepzig, H.-J. (2018): Lean Management in der Praxis – Kritische Darstellung der Kernelemente und Erfolgsmessung, S. 47

man den Prozess an sich betrachtet, nicht aber, wenn man versucht sich ein Gesamtbild zu machen. Auch wenn in vielen Unternehmen die Kostenrechnung bisweilen bizarre Ausmaße annimmt so brauchst Du am Ende doch auch Zahlen, die Verbesserungen oder Verschlechterungen belegen können.

Heinz-Jürgen Klepzig hat in einer Tabelle zusammengefasst, welche Messungsarten welchen Erfolg haben und wie einfach sie einzuführen sind.

	Verständlichkeit Ursache-Wirkung	Vorbereitungsaufwand	Durchführungsaufwand	Diagnose-/ Aussagekraft
C2C	groß	mittel	mittel	groß
Cashflow	mittel	mittel	mittel	mittel
Cost Deployment	gering	groß	groß	groß
Lean Accounting	mittel	mittel	mittel	groß
Durchlaufzeit	groß	gering	gering	gering

Legende: gering ● · mittel ● · groß ●

Vergleich der Lean-Performance-Messungsarten[32]

Dabei wird schnell deutlich, dass die bei den meisten Lean-Gurus so beliebte Durchlaufzeit eine der besten Kennzahlen ist, auch weil sie einfach auszuführen ist. C2C hat hingegen eine bessere Aussagekraft, und gleiches gilt für das Lean

---

[32] Eigene Darstellung in Anlehnung an Klepzig, H.-J. (2018): Lean Management in der Praxis – Kritische Darstellung der Kernelemente und Erfolgsmessung, S. 50

Accounting. Beim Cost Deployment ist der Aufwand es einzuführen recht groß, deswegen wird man es meist in Firmen finden, deren Hauptprobleme im Kostendruck liegen oder in großen Unternehmen, die die personellen Ressourcen haben.

10. Zusammenfassung

Wenn Dich das Thema Lean Management so sehr interessiert, dass Du es in Deinem eigenen Unternehmen umsetzen willst, dann hoffen wir, dass dieses Buch Dir eine kleine Hilfestellung geben kann. Die Philosophie hinter Lean findet sich in immer mehr Unternehmen, und gerade in Branchen mit hohem Kostendruck bleibt vielen gar nichts anderes übrig, als mit solchen Methoden die Effizienz zu verbessern und damit auch Kosten zu senken.

Aber alte Denkweisen ändern sich nur langsam, und gerade in großen Unternehmen wirst Du oft auf Widerstand stoßen, wenn es um so radikale Veränderungen geht. Manchmal hilft es schon, auf die Erfolgsgeschichten zu verweisen und zu zeigen, dass Lean funktioniert und auch in Umgebungen funktioniert, die sonst von traditionellen Arbeitsweisen bestimmt sind.

So ein **Beispiel** ist **Honda** in Südost-Asien: In den meisten Ländern wie Thailand, Indonesien und Malaysia sind die Reparaturbetriebe kleine Garagen an der Straße, die meistens einen Reifen oder Öl wechseln können und von der Hand in den Mund leben. Es gibt keine wirkliche Ausbildung zum Zweiradmechaniker oder Automechaniker und die meisten Firmen gehören dem Inhaber, der auch selbst repariert. Honda (und auch Yamaha) haben schnell erkannt, dass ein Werkstattkonzept wie man es in Japan kennt nicht abhängig davon ist, was bisher gemacht wurde. Also organisierten sie auch hier die Werkstätten bei den Händlern mit strukturierten und organisierten Arbeitsplätzen, führten ein Kontrollbuch ein und Checklisten und schulten die Mitarbeiter in den Lean Prozessen. Es stellte sich heraus, dass selbst unerfahrene Mechaniker geradezu dankbar waren, dass sie in einer professionellen Umgebung mit klaren Prozessen arbeiten konnten.

Das Beispiel soll zeigen, dass zu oft die Bedenken das Hindernis sind und nicht die Umgebung und die Mitarbeiter. Wenn Mitarbeiter die Vorteile sehen, die Lean mit sich bringen kann und nicht Angst haben müssen, dass ihre Arbeitsplätze bedroht sind, dann werden sie sich manchmal schneller bei der Umsetzung engagieren als das Management selbst.

In ihrem Buch über die Gestaltung von Organisationen haben sich Friedrich Graf-Götz und Hand Glatz bereits 2001 mit den Grundlagen von Lean beschäftigt und Grundbedingungen formuliert, die eine Organisation mitbringen muss, damit Lean erfolgreich umgesetzt werden kann:[33]

- "Ausrichtung aller Tätigkeiten auf den Kunden (Kundenorientierung)"

---

[33] Graf-Götz, F.; Glatz, H. (2003): Organisation gestalten – Neue Wege und Konzepte für Organisationsentwicklung und Selbstmanagement, 4 Auflage, Beltz Verlag

- "Konzentration auf die eigenen Stärken"

- "Optimierung von Geschäftsprozessen"

- "Ständige Verbesserung der Qualität (Kontinuierlicher Verbesserungsprozess, KVP)"

- "Interne Kundenorientierung als Unternehmensleitbild"

- "Eigenverantwortung, Empowerment und Teamarbeit"

- "Dezentrale, kundenorientierte Strukturen"

- "Führen ist Service am Mitarbeiter"

- "Offene Informations- und Feedback-Prozesse"

- "Einstellungs- und Kulturwandel im Unternehmen (Kaikaku)"

Diese Liste kannst Du als eine Art tägliche Erinnerung verwenden, denn sie fasst die wesentlichen Punkte sehr gut zusammen.

Die Kundenorientierung steht dabei nicht umsonst an erster Stelle. Sie bereitet den meisten Unternehmen die größten Schwierigkeiten, weil sich der Blickwinkel komplett verändert. Wenn Du bisher der Überzeugung warst, dass Du tolle Produkte oder Dienstleistungen anbietest, dann kann es passieren, dass Du durch die Kundenorientierung lernst, dass dem nicht so ist.

Ein großartiges **Beispiel**, wie man zu sehr von sich selbst überzeugt sein kann, hat **Coca Cola** 1985 gezeigt: Man wollte den wachsenden Marktanteilen von Pepsi begegnen und brachte eine neue, süßer schmeckende New Coke auf den Markt. Die Reaktion war verheerend: Niemand wollte diese neue Cola, die Kunden liefen Sturm. Bereits nach drei Monaten wurde wieder die ursprüngliche Cola-Formel verwendet. Und dennoch wollten sich einige im Unternehmen nicht belehren lassen und führte die neue Cola als Cola II noch bis 1992 fort.

Gleich ob Du neue Produkte oder Dienstleistungen einführst oder bestehende verändern willst: Wenn Dein Unternehmen auf Lean Management umgestellt ist, dann werden Dir solche Fehler nicht passieren, denn Du hast bereits die Perspektive und die Bedürfnisse des Kunden verstanden.

Lean Management ist zwar derzeit eine beliebte und populäre Methode, aber sie ist auch nur eine unter vielen. Nicht jede Firma hat die oben beschriebenen passenden Grundbedingungen, und manchmal musst Du diese erst schaffen, um eine schlanke Produktion einführen zu können. Die Hauptarbeit liegt dabei beim Management: Wenn die Lean Philosophie in den Führungsetagen verankert ist, dann wird es leichter sein, auch die anderen Bedingungen zu erfüllen.

Maximilian Tündermann

Rechtliches und Impressum

Das Werk einschließlich aller Inhalte ist urheberrechtlich geschützt. Der Nachdruck oder Reproduktion, gesamt oder auszugsweise, sowie die Einspeicherung, Verarbeitung, Vervielfältigung und Verbreitung mit Hilfe elektronischer Systeme, gesamt oder auszugsweise, ist ohne schriftliche Genehmigung des Autors untersagt. Alle Übersetzungsrechte vorbehalten.

Die Inhalte dieses Buches wurden anhand von anerkannten Quellen recherchiert und mit hoher Sorgfalt geprüft. Der Autor übernimmt dennoch keinerlei Gewähr für die Aktualität, Richtigkeit und Vollständigkeit der bereitgestellten Informationen.

Haftungsansprüche gegen den Autor, welche sich auf Schäden gesundheitlicher, materieller oder ideeller Art beziehen, die durch Nutzung oder Nichtnutzung der dargebotenen Informationen bzw. durch die Nutzung fehlerhafter und unvollständiger Informationen verursacht wurden, sind grundsätzlich ausgeschlossen, sofern seitens des Autors kein nachweislich vorsätzliches oder grob fahrlässiges Verschulden vorliegt. Dieses Buch ist kein Ersatz für medizinische oder professionelle Beratung und Betreuung.

Dieses Buch verweist auf Inhalte Dritter. Der Autor erklärt hiermit ausdrücklich, dass zum Zeitpunkt der Linksetzung keine illegalen Inhalte auf den zu verlinkenden Seiten erkennbar waren. Auf die verlinkten Inhalte hat der Autor keinen Einfluss. Deshalb distanziert der Autor sich hiermit ausdrücklich von allen Inhalten aller verlinkten Seiten, die nach der Linksetzung verändert wurden. Für illegale, fehlerhafte oder unvollständige Inhalte und insbesondere für Schäden, die aus der Nutzung oder Nichtnutzung solcherart dargebotener Informationen entstehen, haftet allein der Anbieter der Seite, auf welche verwiesen wurde, nicht aber der Autor dieses Buches.

Quellenverzeichnis

Bagattini, M. F. (2017): Lean Management – auch in der Arztpraxis von Vorteil! URL: https://saez.ch/de/article/doi/saez.2017.05199 [Stand: 16-12-2018]

Blank, S. (2013): Why the Lean Start-Up Changes Everything. URL: https://hbr.org/2013/05/why-the-lean-start-up-changes-everything [Stand: 13-11-2018]

Busse, M. (2017): Implementing Lean Management – ein ganzheitliches Vorgehensmodell zur nachhaltigen Implementierung des Lean Managements in KMU

detektierbar.de (2016): 5S Sortiment – Lean Management. URL: https://detektierbar.de/5s-sortiment.html [Stand: 27-12-2018]

Dekier, L. (2012): The Origins and Evolution of Lean Management System

Deranek, K.; Chopra, S.; Mosher, G. A. (2017): Lean Adoption in Small and Medium Enterprise Validation

Gartner, W. J. (2002): Management - Einführung in Management, Kommunikation und Personalwirtschaft, Oldenbourg Wissenschaftsverlag GmbH

Graf-Götz, F.; Glatz, H. (2003): Organisation gestalten – Neue Wege und Konzepte für Organisationsentwicklung und Selbstmanagement, 4 Auflage, Beltz Verlag

Jedynak, P. (2015): Lean Management implementation – Determinant factors and experience. In: Journal of Management, vol. 1, no. 1, S. 51-64

Kaizenworld (2016): Kaikaku. URL: https://www.kaizenworld.com/kaizen-blog/kaikaku.html [Stand: 21-11-2018]

Keith, D.: Schlanke Unternehmen – Was Lean Management für die Mitarbeiter bedeutet. URL: https://www.business-wissen.de/artikel/schlanke-unternehmen-was-lean-management-fuer-die-mitarbeiter-bedeutet/ [Stand: 10-12-2018]

Kletti, J.; Schumacher, J. (2015): Die perfekte Produktion - Manufacturing Excellence durch Short Interval Technology (SIT), 2. Auflage, Springer Verlag, Berlin

Klepzig, H.-J. (2018): Lean Management in der Praxis – Kritische Darstellung der Kernelemente und Erfolgsmessung

Kolf, F. (2016): Rügenwalder Mühler, Meica, Herta – Es geht um die fleischlose Wurst. URL: https://www.handelsblatt.com/unternehmen/handel-konsumgueter/ruegenwalder-muehle-meica-herta-es-geht-um-die-fleischlose-wurst/14448496.html [Stand: 07-12-2018]

McKinsey (2011): Lean Management – New frontiers for financial institutions

Mc Kinsey (2014): The Lean Management Enterprise – A system for daily progress, meaningful purpose, and lasting value

Mrunal (2014): Lean Production at McDonalds. URL: http://cmuscm.blogspot.com/2014/09/lean-production-at-mcdonalds.html [Stand: 28-10-2018]

Ohno, T. (1988): Toyota Production System – Beyond Large-Scale Production, Productivity Press, Cambridge/Massachusetts

Rishi et al. (2018): Implementing the Lean Framework in a Small & Medium & Enterprise (SME) – A case Study in Printing Press, IOP Publishing, IOC Conf. Ser., volume 376, conference 1

riss Consulting (2016): Qualitätsmanagement. URL: http://www.riss.de/consulting/qualitaetsmanagement/ [Stand: 24-11-2018]

Robinson, N. (2015): How Zara used Lean to become the largest fashion retailer. URL: https://www.linkedin.com/pulse/how-zara-used-lean-become-largest-fashion-retailer-nathan-robinson/ [Stand: 05-12-2018]

Soni, P. (2015): Managing Walmart's Supply Chain – Cross-Docking and Other Tools. URL: https://marketrealist.com/2015/02/managing-walmarts-supply-chain-cross-docking-tools [Stand: 17-11-2018]

Staufen AG (2014): Ein guter Weg um Lean Production in kleinen und mittelgroßen chinesischen Unternmehmen (SMEs) zu starten: Das Komzept der flexiblen Montagezelle. URL: https://www.staufen.ag/de/unternehmen/news-events/news/newsdetail/2014/08/ein-guter-weg-um-lean-production-in-kleinen-und-mittelgrossen-chinesischen-unternehmen-smes-zu-star/ [Stand: 12-12-2018]

Tsõgankova, T. (2014): Lean Implementation in Estonian SMEs based on the example of the company Narva Tes Plus

von Eckardstein, D.; Kasper, H.; Mayrhofer, W. (1999): Management, Schäffer-Poeschel

Wilson, L. (2013): Six Qualities of Lean Leadership. URL: https://www.industryweek.com/continuous-improvement/six-qualities-lean-leadership [Stand: 01-12-2018]

Wujec, T. (2010): Build a tower, build a team. URL: https://www.ted.com/talks/tom_wujec_build_a_tower [Stand: 25-10-2018]